Guttentag'sche Sammlung
Nr. 88. Deutscher Reichsgesetze. Nr. 88.
Text-Ausgaben mit Anmerkungen.

Das
Reichsvereinsgesetz.

Vom 19. April 1908.

Unter Benutzung der amtlichen Quellen
bearbeitet und erläutert von

Dr. jur. A. Romen,
Wirklichem Geheimem Kriegsrat im Königlich Preußischen
Kriegsministerium.

Nebst einem Anhang, enthaltend die Vorschriften des Bürgerlichen Gesetzbuches über die Vereine, und der Preußischen Ausführungsverordnung.

Zweite Auflage.

Berlin 1908.
J. Guttentag, Verlagsbuchhandlung,
G. m. b H.

Vorwort.

Bei der großen Bedeutung, die das neue Vereinsgesetz für die weitesten Kreise des deutschen Volkes hat, wird eine mit Erläuterungen versehene Ausgabe sehr bald vielfach als Bedürfnis empfunden werden. Dieser Erwägung verdankt die vorliegende Bearbeitung ihre Entstehung. In kurzgefaßten, gemeinverständlichen Ausführungen wird zu den in der Praxis sich ergebenden Fragen und Zweifeln Stellung genommen. Hierbei sind die Begründung des Entwurfes und der sehr ausführliche Bericht der Kommission, an die der Reichstag den Entwurf zur Vorberatung überwiesen hatte, überall besonders sorgfältig benutzt worden, da gerade diese Quellen für das Verständnis und die Auslegung mancher Bestimmungen wichtig, stellenweise sogar unentbehrlich sind. Auch die Rechtsprechung hat Berücksichtigung gefunden. Vorausgeschickt sind als Einleitung Ausführungen über die Entstehung des Gesetzes und einige allgemeine Bemerkungen. Als Anhang sind beigefügt die Vorschriften des Bürgerlichen Gesetzbuches über die Vereine. Ein eingehendes alphabetisches Sachregister wird im Einzelfalle die schnelle Auffindung der gesetzlichen Bestimmungen erleichtern.

Rom, Mai 1908.

Romen.

Inhaltsverzeichnis.

Quellen und Literatur.

Entwurf eines Vereinsgesetzes nebst Begründung. Drucksachen des Reichtages. 12. Legislatur-Periode, I. Session 1907, Nr. 482.

Stenographische Berichte über die Verhandlungen des Reichstages. 12. Legislatur-Periode, I. Session 1907/1908, 69., 70. und 71. Sitzung v. 9., 10. u. 11. Dezember 1907, S. 2091 ff., 2125 ff., 2160 ff. (erste Beratung des Entwurfes).

Bericht der XIV. Kommission zur Vorberatung des Entwurfs eines Vereinsgesetzes. Drucksachen des Reichstages. 12. Legislatur-Periode, I. Session 1907/1908, Nr. 819.

Stenographische Berichte über die Verhandlungen des Reichstages. 12. Legislatur-Periode, I. Session 1907/1908, 138., 139., 140. und 141. Sitzung v. 2., 3., 4. und 6. April 1908, S. 4556 ff., 4594 ff., 4635 ff., 4698 ff. (zweite Beratung des Entwurfes).

Stenographische Berichte über die Verhandlungen des Reichstages. 12. Legislatur-Periode, I. Session 1907/1908, 143. Sitzung v. 8. April 1908, S. 4789 ff. (dritte Beratung des Entwurfes).

Dr. Caspar, Das Preußische Versammlungs- und Vereinsrecht. Berlin 1894, Verlag v. J. Guttentag.

Entscheidungen des Reichsgerichts in Strafsachen. Leipzig.

Dr. Friedenthal, Das öffentliche Vereins- und Versammlungsrecht in Deutschland. 2. Aufl. Berlin 1907, Verlag v. J. Guttentag.

Groschuff, Verordnung vom 11. März 1850 über die Verhütung eines die gesetzliche Freiheit und Ordnung gefährdenden Mißbrauchs des Versammlungs- und Vereinigungsrechtes, in Groschuff, Eichhorn und Delius, Die Preußischen Strafgesetze. 2. Aufl. S. 42 ff. Berlin 1904.

v. Kamptz und Delius, Rechtsprechung des Reichs- und des Kammergerichts auf den Gebieten des öffentlichen Rechts. Bd. 2, S. 17 ff., Versammlungs- und Vereinsrecht. Berlin 1907.

Dr. Petri, Gesetz über das öffentliche Vereins- und Versammlungsrecht für Elsaß-Lothringen v. 21. Juni 1905. Straßburg 1905.

I.

Einleitung.

Entstehung des Gesetzes und Allgemeines.

Der Ruf nach einem einheitlichen Vereins- und Versammlungsrechte wird seit Jahrzehnten im Deutschen Reiche erhoben.

Nach Art. 4 Nr. 16 der Verfassung des Deutschen Reiches unterliegen die Bestimmungen über das Vereinswesen der Beaufsichtigung seitens des Reichs und der Gesetzgebung desselben. Bisher war aber das Vereinsrecht nur nach der privatrechtlichen Seite hin reichsgesetzlich geordnet (BGB. §§ 21—79) dagegen fehlte es bis jetzt an einer erschöpfenden reichsgesetzlichen Regelung nach der öffentlich-rechtlichen Seite hin. Auf diesem Gebiete hatte das Reich von seiner Zuständigkeit vielmehr nur durch den Erlaß einzelner Bestimmungen Gebrauch gemacht. (Vgl. hierzu insbesondere Anm. 2, 3, 4 und 5 zu § 23.) Im allgemeinen aber beruhte bisher der Rechtszustand des Vereins- und Versammlungswesens auf den Landesgesetzen, deren Vorschriften in wesentlichen Punkten zum Teil weit auseinandergingen. Aus dieser verschiedenartigen, außerdem stellenweise veralteten Gestaltung des Rechtszustandes hatten sich in den einzelnen Bundesstaaten vielfache Unzuträglichkeiten ergeben. Das Bedürfnis einer einheitlichen Regelung des Vereins- und Versammlungswesens war nicht zu verkennen.

Die schon mehrfach unternommenen Versuche, das Vereins- und Versammlungsrecht nach seiner öffentlich-rechtlichen Seite für den Umfang des Reiches einheitlich zu gestalten, die zum Teil schon bald nach Gründung des Reiches eingesetzt hatten, waren bisher ohne Ergebnis geblieben. Wiederholt wurde der Gegenstand auf Grund zahlreicher Anträge und Petitionen im Reichstage sowohl im Plenum wie in der Petitionskommission erörtert und dem Wunsche nach einem einheitlichen Vereins- und Versammlungsrecht für das Reich Ausdruck gegeben. Das Nähere hierüber s. Begründung des Entwurfs S. 13ff.

Am 22. November 1907 legte der Stellvertreter des Reichskanzlers den vom Bundesrate beschlossenen „Entwurf eines Vereinsgesetzes" nebst Begründung dem Reichstage zur verfassungsmäßigen Beschlußnahme vor. (Drucks. d. Reichst. 12. Legislaturperiode, I. Session 1907, Nr. 482).

Der Entwurf folgt den Arbeiten des Reichstags aus den Jahren 1873 und 1896 (Drucks. d. Reichst. 1. Legislaturperiode, IV. Session 1873, Nr. 239 und

9. Legislaturperiode, IV. Session 1895/96, Nr. 321) darin, daß er ausschließlich die öffentlich-rechtliche Seite des Vereins- und Versammlungsrechts regelt. Hiervon bildet eine Ausnahme nur die Abänderung des § 72 BGB., der aber wesentlich auf dem Gebiete des öffentlichen Rechts wirksam wird; sonst ist eine Einwirkung auf die privatrechtlichen Normen für Vereine und Versammlungen nicht beabsichtigt. Der Anregung, bei dieser Gelegenheit auch eine Regelung des sogenannten Koalitionsrechts vorzunehmen, ist der Entwurf nicht gefolgt, da er hiermit ein dem eigentlichen Vereins- und Versammlungsrechte formell und materiell ungleichartiges Rechtsgebiet betreten würde. Die Vorschriften der §§ 152, 153, 154a der Gewerbeordnung, die von den Befugnissen der darin genannten Personenkreise in bezug auf Verabredungen und Vereinigung zum Behuf der Erlangung günstiger Lohn- und Arbeitsbedingungen handeln, werden daher durch den Entwurf nicht berührt. (Begründung S. 20.)

Ebensowenig sind im Entwurfe die Rechtsverhältnisse der Berufsvereine geregelt worden. In dieser Beziehung führt die Begründung aus (S. 21):

Vielfach ist auch der Wunsch zutage getreten, es möchten im Rahmen dieses Vereinsgesetzes gleichzeitig auch die Rechtsverhältnisse der Berufsvereine ihre reichsgesetzliche Regelung finden. Tatsächlich werden diese in einer Reihe ihrer wichtigsten Beziehungen — nach der öffentlich-rechtlichen Seite hin — durch den Entwurf bereits miterfaßt; dagegen ist dies nicht der Fall hinsichtlich ihrer privatrechtlichen Verhältnisse, insbesondere der Frage nach Erlangung der Rechtsfähigkeit. Bei den Beratungen in der letzten Tagung des Reichstags über den Entwurf eines Gesetzes, betreffend gewerbliche Berufsvereine, ist die Bedeutung dieser Frage stark in den Hintergrund getreten gegenüber derjenigen der Stellung, welche die Berufsvereine innerhalb des öffentlichen Vereins- und Versammlungswesens einzunehmen haben. Soweit indessen gleichwohl noch ein Bedürfnis für eine Neuordnung des Berufsvereinswesens auch auf dem Gebiete des Privatrechts anzuerkennen sein wird, bietet dafür dieser Entwurf, dessen Bestimmungen der Sphäre des öffentlichen Rechtes angehören, nicht die geeignete Stelle. Vielmehr würde gegebenenfalls jenem Bedürfnisse durch eine besondere Vorlage Rechnung zu tragen sein.

Die erste Beratung des Entwurfs im Plenum des Reichstages fand am 9., 10. und 11. Dezember 1907 statt. (StenBer. der Reichstagsverhandl. 12. Legislaturper. I. Session 1907/1908, 69., 70., 71. Sitzung, S. 2091 ff., 2125 ff., 2160 ff.). Sie endete mit dem Beschlusse, den Entwurf einer Kommission von 28 Mitgliedern zu überweisen. (StenBer. d. Reichst. S. 2187.) Am 12. Dezember 1907 trat die Kommission (XIV.) zusammen und wählte zum Vorsitzenden den Abgeordneten Dr. Hieber, zu dessen Stellvertreter den Abgeordneten Dr. Zehnter, später den Abgeordneten Trimborn, zu Schriftführern die Abgeordneten Dr. Dröscher, Lic. Everling, Hildenbrand, Dr. Struwe, Dr. Vonderscheer. Zum Berichterstatter wurde der Abgeordnete Dr. Junck gewählt. Als Vertreter der verbündeten Regierungen nahmen an den Kommissionsberatungen teil:

1. Die Bevollmächtigten zum Bundesrate: Dr. v. Bethmann Hollweg, Stellvertreter des Reichskanzlers, Staatsminister, Staatssekretär des Innern, Wermuth, Kaiserlicher Wirklicher Geheimer Rat, Unterstaatssekretär im Reichsamt des Innern, Just, Kaiserlicher Direktor im Reichsamt des Innern, Strößenreuther, Königlich Bayerischer Ministerialrat, Dr. Fischer, Königlich Sächsischer Geheimer Rat, v. Schicker, Königlich Württembergischer Staatsrat, Dr. v. Köhler, Königlich Württembergischer Ministerialrat, Dr. Freiherr v. Dusch, Großherzoglich Badischer Präsident des Staatsministeriums, Staatsminister und Minister der Justiz, des Kultus und des Unterrichts, Dr. Nieser, Großherzoglich Badischer Geheimer Ober-Regierungsrat, Dr. v. Neidhardt, Großherzoglich Hessischer Wirklicher Geheimer Rat, außerordentlicher Gesandter und bevollmächtigter Minister, Dr. Rebe, Großherzoglich Sächsischer Ministerialdirektor, Dr. v. Eucken-Addenhausen, Groß-

herzoglich Oldenburgischer Wirklicher Geheimer Rat, außerordentlicher Gesandter und bevollmächtigter Minister, Boden, Herzoglich Braunschweig-Lüneburgischer Geheimer Regierungsrat;

2. die auf Grund des Artikels 16 der Reichsverfassung vom Bundesrat ernannten besonderen Kommissarien: Spielhagen, Kaiserlicher Geheimer Ober-Regierungsrat, Dr. Glasser, Kaiserlicher Geheimer Regierungsrat, Simons, Kaiserlicher Geheimer Regierungsrat, Dr. v. Herrmann, Königlich Preußischer Geheimer Ober-Regierungsrat, Herrmann, Königlich Preußischer Geheimer Ober-Regierungsrat, Martini, Königlich Preußischer Geheimer Ober-Regierungsrat, Dr. Romen, Königlich Preußischer Wirklicher Geheimer Kriegsrat, Dr. Freiherr v. Ziller, Königlich Preußischer Geheimer Regierungsrat, v. Wartenberg, Königlich Preußischer Major, Fastenau, Königlich Preußischer Gerichtsassessor.

Bei Beginn der Beratung wurde von der Kommission erwogen, ob man nicht mit einer Generaldebatte über wichtige allgemeine Fragen beginnen solle, z. B. über die Zulassung des Rechtsweges gegen alle das Vereins- und Versammlungsrecht betreffenden Entscheidungen der Verwaltungsbehörden, das Verhältnis des Reichsvereinsgesetzes gegenüber den Landesgesetzen, insbesondere dem Landespolizeirecht usw. Die Majorität beschloß jedoch, sofort mit der Debatte über § 1 zu beginnen, da die meisten Fragen prinzipieller Natur gerade bei § 1 erledigt werden könnten. Dagegen wurde in Aussicht genommen, zwei Lesungen abzuhalten.

Die erste Lesung nahm achtzehn, die zweite zwei Sitzungen in Anspruch (KomBer. S. 1 u. 2). In der Kommission erfuhr der Entwurf nicht unwesentliche Änderungen. Die §§ 1, 2, 3, 4, 5, 7, 8, 9, 11, 13 und 16 wurden teils abgeändert, teils mit Zusätzen versehen; neu hinzugefügt wurden die §§ 1a, 2a, 3a, 4a, 4b, 9a, 10a und 11a. Unverändert blieben nur die §§ 6, 10, 12, 14 und 15. S. KomBer. S. 158 Anl. I und die Anmerkungen zu den einzelnen Paragraphen des Gesetzes. Bei der Schlußabstimmung wurde dann die Regierungsvorlage von der Kommission nach den Beschlüssen in zweiter Lesung mit 16 gegen 12 Stimmen angenommen. KomBer. S. 156.

Die zweite Beratung des Entwurfs im Plenum des Reichstages fand am 2., 3., 4. und 6. April 1908 statt (StenBer. S. 4556ff., 4594ff., 4635ff., 4698ff.); sie endete mit der unveränderten Annahme der von der Kommission beschlossenen Fassung. Auch bei der dritten Beratung in der Sitzung vom 8. April 1908 wurde die Vorlage nach den Kommissionsbeschlüssen unverändert angenommen (StenBer. S. 4837).

Nachdem der Bundesrat dem Gesetzentwurf mit den vom Reichstage beschlossenen Änderungen seine Zustimmung erteilt hatte und er vom Kaiser vollzogen war, wurde das Gesetz sodann am 25. April 1908 durch das Reichs-Gesetzblatt verkündigt (RGBl. S. 151). Gemäß der Bestimmung in § 25 ist das Gesetz am 15. Mai 1908 in Kraft getreten.

Das Vereinsgesetz ist nicht ohne heftige Kämpfe zustande gekommen. Das Urteil darüber, ob es in der Gestalt, in der es zur Verabschiedung gelangte, gut ist und seinen Zweck erfüllen wird, muß der Zukunft überlassen bleiben. Zunächst gehen die Meinungen über den Wert einzelner Bestimmungen in der Öffentlichkeit noch weit auseinander. Das aber muß als unzweifelhaft gelten, daß das Gesetz als Ganzes gegenüber sämtlichen einzelstaatlichen Vereinsgesetzen wesentliche Erleichterungen darbietet und ferner, daß die Schaffung eines einheitlichen, für ganz Deutschland gemeinsamen Vereins- und Versammlungsrechtes vom nationalen Standpunkt aus als ein bedeutender Fortschritt, als neues Band für den festen Zusammenschluß der einzelnen Bundesstaaten von jedem Deutschen mit Freuden zu begrüßen ist.

(Nr. 3449.)

II.

Vereinsgesetz.

Vom 19. April 1908 (RGBl. S. 151 ff.).

§ 1.

Alle Reichsangehörigen haben das Recht, zu Zwecken, die den Strafgesetzen nicht zuwiderlaufen, Vereine zu bilden und sich zu versammeln. Dieses Recht unterliegt polizeilich nur den in diesem Gesetz und anderen Reichsgesetzen enthaltenen Beschränkungen.

Die allgemeinen sicherheitspolizeilichen Bestimmungen des Landesrechts finden Anwendung, soweit es sich um die Verhütung unmittelbarer Gefahr für Leben und Gesundheit der Teilnehmer an einer Versammlung handelt.

1. Der Entwurf enthielt nur den ersten Satz des Abs. 1. Der zweite Satz des Abs. 1 und der Abs. 2 wurden von der Kommission in zweiter Lesung hinzugefügt. KomBer. S. 135, 137, 158.

2. Das Gesetz regelt nur die öffentlich-rechtliche Seite des Vereins- und Versammlungsrechts; eine Einwirkung auf die privatrechtlichen Normen für Vereine und Versammlungen ist nicht beabsichtigt. Begründ. S. 19. Die privatrechtliche Seite des Vereinsrechtes ist im BGB. in den §§ 21—79 behandelt. S. Anhang und § 22.

3. Das Gesetz regelt das öffentliche Vereins- und Versammlungsrecht einheitlich und abschließend für das Deutsche Reich mit der Wirkung, daß vom Tage seines Inkrafttretens alle dieses Gebiet berührenden Landesgesetze ihre Geltung verlieren, soweit sie nicht in diesem Gesetze ausdrücklich aufrecht erhalten worden sind. S. § 24.

4. In der Begründung des Entwurfes heißt es zu § 1 (S. 21). An der Spitze des Entwurfs steht der Grundsatz der Vereins- und Versammlungsfreiheit. Dieser Grundsatz war bisher nicht überall landesgesetzlich ausdrücklich anerkannt. Selbstverständlich findet die Ausübung der freien Befugnis, Vereine zu bilden und sich zu versammeln, ihre Grenze in den Strafgesetzen, d. h. allen Strafrechtsnormen, auch wenn sie nicht in die Form des Gesetzes gekleidet sind. Der Entwurf bringt also etwas von selbst Gegebenes zum Ausdrucke, wenn er bestimmt, daß die auf Grund der Vereins- und Versammlungsfreiheit verfolgten Zwecke den Strafgesetzen nicht zuwiderlaufen dürfen. Ebenso steht außer Zweifel, daß jene Befugnis nur auf dem Gebiete des Vereins- und Versammlungswesens selbst Wirkungen äußern darf. Beschränkungen, welche die Polizei im Rahmen ihrer allgemeinen Aufgaben einzelnen auferlegen kann, muß sie auch Vereinen und Versammlungen gegenüber zur Anwendung zu bringen in der Lage sein, da ihre Machtmittel nicht dadurch hinfällig gemacht werden dürfen, daß an die Stelle des einzelnen eine Mehrheit von Personen tritt. Ebenso bleiben Vereine und Versammlungen in bezug auf den Zutritt der Polizei den allgemeinen Gesetzen, z. B. §§ 102—110 der Strafprozeßordnung, unterworfen.

5. a) Das Gesetz gewährt die Vereins- und Versammlungsfreiheit ausdrücklich nur den Reichsangehörigen. Den Ausländern steht ein Vereins- oder

Versammlungsrecht nicht zu. Ihnen gegenüber behält daher die Polizeibehörde ihre allgemeinen Befugnisse, sie kann z. B. vom Vorstande oder den Mitgliedern eines Vereines von Ausländern Auskunft über die Mitglieder, das Mitgliederverzeichnis verlangen. Auch ist die Polizei befugt, gegenüber Ausländern, die sich an Versammlungen beteiligen, alle ihr geeignet erscheinenden Maßregeln zu ergreifen. Die bei der Kommissionsberatung und im Plenum des Reichstages mehrfach gestellten Anträge, die Ausländer hinsichtlich des Vereins- und Versammlungsrechtes den Reichsangehörigen gleichzustellen, wurden abgelehnt, nachdem von verschiedenen Seiten betont worden war, daß es unmöglich sei, im Reichsvereinsgesetz den Ausländern ein Recht zuzusprechen; das stehe im Widerspruch mit dem gesamten Fremdenrecht. KomBer. S. 4—7, 9, 31; StenBer. S. 4556, 4557, 4562.

b) Für die Frage, wer als „Reichsangehöriger" zu gelten hat, sind maßgebend die Vorschriften des Gesetzes über die Erwerbung und den Verlust der Bundes- und Staatsangehörigkeit v. 1. Juni 1870 (BGBl. 1870 S. 355), zum Reichsgesetz erklärt durch § 2 des Verfassungsgesetzes v. 16. April 1871 (BGBl. 1871 S. 63). In Betracht kommen hier insbesondere folgende Bestimmungen:

§ 1. Die Bundes-(Reichs-)Angehörigkeit wird durch die Staatsangehörigkeit in einem Bundesstaate erworben und erlischt mit deren Verlust.

§ 2. Die Staatsangehörigkeit in einem Bundesstaate wird fortan nur begründet:

1. durch Abstammung (§ 3),
2. durch Legitimation (§ 4),
3. durch Verheiratung (§ 5),
4. für einen (Nord-) Deutschen durch Aufnahme und
5. für einen Ausländer durch Naturalisation (§§ 6 ff.).

Die Adoption hat für sich allein diese Wirkung nicht.

§ 3. Durch die Geburt, auch wenn diese im Auslande erfolgt, erwerben eheliche Kinder eines (Nord-) Deutschen die Staatsangehörigkeit des Vaters, uneheliche Kinder einer (Nord-) Deutschen die Staatsangehörigkeit der Mutter.

§ 4. Ist der Vater eines unehelichen Kindes ein (Nord-) Deutscher und besitzt die Mutter nicht die Staatsangehörigkeit des Vaters, so erwirbt das Kind durch eine den gesetzlichen Bestimmungen gemäß erfolgte Legitimation die Staatsangehörigkeit des Vaters.

§ 5. Die Verheiratung mit einem (Nord-) Deutschen begründet für die Ehefrau die Staatsangehörigkeit des Mannes.

§ 9. Eine von der Regierung oder von einer Zentral- oder höheren Verwaltungsbehörde eines Bundesstaates vollzogene oder bestätigte Bestallung für einen in den unmittelbaren oder mittelbaren Staatsdienst oder in den Kirchen-, Schul- oder Kommunaldienst aufgenommenen Ausländer oder Angehörigen eines anderen Bundesstaates vertritt die Stelle der Naturalisationsurkunde, beziehungsweise Aufnahmeurkunde, sofern nicht ein entgegenstehender Vorbehalt in der Bestallung ausgedrückt wird. Ist die Anstellung eines Ausländers im Bundes- (Reichs-)dienst erfolgt, so erwirbt der Angestellte die Staatsangehörigkeit in demjenigen Bundesstaate, in welchem er seinen dienstlichen Wohnsitz hat.

§ 10. Die Naturalisationsurkunde beziehungsweise Aufnahmeurkunde begründet mit dem Zeitpunkte der Aushändigung alle mit der Staatsangehörigkeit verbundenen Rechte und Pflichten.

§ 11. (EG. z. BGB. Art. 41.) Die Verleihung der Staatsangehörigkeit erstreckt sich, insofern nicht dabei eine Ausnahme gemacht wird, zugleich auf die Ehefrau und auf diejenigen minderjährigen Kinder, deren gesetzliche Vertretung dem Aufgenommenen oder Naturalisierten kraft elterlicher Gewalt zusteht. Ausgenommen sind Töchter, die verheiratet sind oder verheiratet gewesen sind.

§ 12. Der Wohnsitz innerhalb eines Bundesstaates begründet für sich allein die Staatsangehörigkeit nicht.

§ 13. Die Staatsangehörigkeit geht fortan nur verloren:

1. durch Entlassung auf Antrag (§§ 14 ff.);
2. durch Ausspruch der Behörde (§§ 20 und 22);
3. durch zehnjährigen Aufenthalt im Auslande (§ 21);
4. bei unehelichen Kindern durch eine den gesetzlichen Bestimmungen gemäß erfolgte Legitimation, wenn der Vater einem anderen Staate angehört als die Mutter;
5. bei einer (Nord-) Deutschen durch Verheiratung mit dem Angehörigen eines anderen Bundesstaates oder mit einem Ausländer.

§ 18. Die Entlassungsurkunde bewirkt mit dem Zeitpunkte der Aushändigung den Verlust der Staatsangehörigkeit.

Die Entlassung wird unwirksam, wenn der Entlassene nicht binnen sechs Monaten vom Tage der Aushändigung der Entlassungsurkunde an seinen Wohnsitz außerhalb des Bundes(Reichs-)gebiets verlegt oder die Staatsangehörigkeit in einem anderen Bundesstaate erwirbt.

§ 19. (EG. z. BGB. Art. 41.) Die Entlassung erstreckt sich, insofern nicht dabei eine Ausnahme gemacht wird, zugleich auf die Ehefrau und auf diejenigen Kinder, deren gesetzliche Vertretung dem Entlassenen kraft elterlicher Gewalt zusteht.

Diese Vorschrift findet keine Anwendung auf Töchter, die verheiratet sind oder verheiratet gewesen sind, sowie auf Kinder, die unter der elterlichen Gewalt der Mutter stehen, falls die Mutter zu dem Antrag auf

Entlassung der Kinder nach § 14a Abs. 2 Satz 2 der Genehmigung des Beistandes bedarf.

c) Zu der Frage, ob und inwieweit das den Reichsangehörigen gesetzlich gewährleistete Vereins- und Versammlungsrecht durch die Teilnahme von Ausländern an den Vereinen und Versammlungen beeinträchtigt wird, gab der Staatssekretär des Reichsamts des Innern in der Kommissionsberatung folgende Erklärung ab (KomBer. S. 7): Durch den Umstand, daß den Ausländern das Recht, Vereine zu bilden und sich zu versammeln, nicht ausdrücklich gewährleistet sei, werde das Vereins- und Versammlungsrecht der Reichsangehörigen, an deren Vereinen oder Versammlungen sich Ausländer beteiligen, nicht berührt. Werde gegen Ausländer als Mitglieder eines Vereins oder Teilnehmer an einer Versammlung ein polizeiliches Einschreiten erforderlich, so sei dieses einerseits zwar in den Formen des Entwurfes zulässig, aber nicht an seine Vorschriften gebunden, und könne sich anderseits, falls es sich um einen Verein von Reichsangehörigen oder um eine von Reichsangehörigen veranstaltete Versammlung handele, sofern nicht etwa die im Entwurf allgemein zugelassenen Maßnahmen (z. B. § 9 — im Gesetz § 14) in Frage kommen, nur gegen die daran beteiligten Ausländer als solche, nicht aber gegen die Reichsangehörigen als Mitglieder des Vereins oder Teilnehmer der Versammlung, oder gegen den Verein oder die Versammlung als solche richten, da der Entwurf aus der Teilnahme von Ausländern an derartigen Veranstaltungen keine Beschränkung des den Reichsangehörigen zustehenden Vereins- und Versammlungsrechts herleiten wolle.

Diese Erklärung wiederholte der Staatssekretär inhaltlich im Plenum des Reichstages bei der 2. Lesung des Entwurfs (StenBer. S. 4562). Hiernach kann also aus der bloßen Zugehörigkeit von Ausländern zu Vereinen von Reichsangehörigen oder aus der bloßen Anwesenheit von Ausländern in Versammlungen Reichsangehöriger kein Recht zum Einschreiten gegen die Vereine oder Versammlungen, insbesondere auch kein Recht zur Auflösung hergeleitet werden.

6. Die Vereins- und Versammlungsfreiheit steht nach dem Gesetz „allen" Reichsangehörigen zu.

a) Hierdurch sind zunächst die bisherigen einzelstaatlichen Beschränkungen hinsichtlich der Teilnahme von Frauen an Vereinen und Versammlungen beseitigt. Auch die Frauen haben jetzt in demselben Maße wie die übrigen Reichsangehörigen das Recht, Vereine zu bilden und sich zu versammeln; sie stehen in dieser Beziehung den Männern völlig gleich. In der Begründung des Entwurfes wird hierzu ausgeführt (S. 22, 23): Der Entwurf läßt entsprechend den übereinstimmenden Wünschen weitester Kreise, insbesondere der Frauen selbst, die landesgesetzlichen Beschränkungen hinsichtlich der Teilnahme der Frauen an Versammlungen und Vereinen fallen. Die Entwickelung der letzten Jahrzehnte hat dahin geführt, daß die Teilnahme der Frauen an öffentlichen Angelegenheiten eine erhebliche Steigerung erfahren hat; ihre Betätigung ist nicht nur im Handel, im Gewerbe und in der Industrie, sondern auch im übrigen öffentlichen Leben in aufsteigender Bewegung begriffen. In manchen Stellungen des öffentlichen Dienstes, die früher ausschließlich oder fast ausschließlich von Männern bekleidet wurden, insbesondere auf dem Gebiete der Armen- und Waisenfürsorge, der Gewerbeaufsicht, des Post- und Telegraphendienstes, werden seit geraumer Zeit in größerem Umfang auch Frauen verwendet. Infolge dieser erweiterten, zum Teil selbständigen und mit Verantwortung verknüpften Tätigkeit sind die Frauen an der Lösung öffentlicher Aufgaben in der Gegenwart in weit höherem Maße beteiligt als früher. Es würde daher weder zeitgemäß sein, noch den Anforderungen der Billigkeit entsprechen, die gesetzlichen Bestimmungen aufrechtzuerhalten, die den Frauen die Möglichkeit verschließen, ihre Interessen und Wünsche auf dem Gebiete des öffentlichen Lebens in Vereinen und Versammlungen zur Geltung zu bringen. Eine Besprechung der Berufsinteressen der Frauen wird aber heute kaum möglich sein, ohne dabei auf politische Fragen einzugehen, indem gesetzgeberische Maßnahmen berührt oder gesetzliche Bestimmungen befürwortet oder bekämpft werden. Die Frauen, die auf den selbständigen Erwerb ihres Lebensunterhalts angewiesen sind, haben durch ihre wirtschaftlichen auch politische Interessen und müssen sich über diese auch in der Form von Vereinen und Versammlungen verständigen können. — Ein in der Kommission gestellter Antrag auf Beschränkung der Rechte der Frauen wurde abgelehnt. KomBer. S. 28ff.

b) Auch hinsichtlich der Beteiligung jugendlicher Personen an Vereinen und Versammlungen hatte der Entwurf auf jegliche Beschränkung verzichtet. Begründ. S. 23, 24. Von der Kommission wurde aber die Beschränkung eingefügt (§ 10a der Beschlüsse der Kommission, 2. Lesung, § 17 des Gesetzes), daß Personen, die das achtzehnte Lebensjahr noch nicht vollendet haben, nicht Mitglieder von politischen Vereinen sein und weder in den Versammlungen solcher Vereine, sofern es sich nicht um Veranstaltungen zu geselligen Zwecken handelt, noch in öffentlichen politischen Versammlungen anwesend sein dürfen. KomBer. S. 24ff., 153. Hiernach steht also das Vereins- und Versammlungsrecht gemäß § 1 uneingeschränkt nur denjenigen jugendlichen Personen zu, die das 18. Lebensjahr vollendet haben, den Personen unter 18 Jahren ohne Rücksicht auf ihre Beschäftigung oder Lebensstellung (ob Schüler oder Lehrlinge) dagegen nur insoweit, als es nicht durch § 17 ausdrücklich eingeschränkt worden ist. Vgl. hierzu die Ausführungen zu § 17.

7. Das Gesetz hat ferner Abstand genommen von der Beibehaltung der Vorschriften, die das Recht zur Gründung politischer Vereine und zur Erlangung der Mitgliedschaft an solchen, oder die Befugnis zur Einberufung von Versammlungen von bestimmten persönlichen Voraussetzungen, wie dem Besitze der bürgerlichen Ehrenrechte, dem Wohnsitz oder der Tatsache abhängig machen, daß der Betreffende noch keine Bestrafung wegen Zuwiderhandlungen auf vereins- oder versammlungsrechtlichem Gebiet erlitten hat, da diese Bestimmungen teilweise entbehrlich, teilweise wegen der leichten Möglichkeit ihrer Umgehung zwecklos erscheinen. Begründ. S. 24.

8. Den Gegenstand eingehender Erörterung bildete bei der Kommissionsberatung die Frage, inwieweit das in § 1 gewährleistete Vereins- und Versammlungsrecht Beschränkungen von dritter Seite, auf Grund besonderer Rechtstitel und insbesondere auch durch Verträge, unterliegt (KomBer. S. 10ff.). Hierzu wurde zunächst ausgeführt: Im Reichstag habe der Staatssekretär erklärt, daß dem Staate unbenommen bleibe, vermöge seiner Beamtendisziplin und in seinen privatrechtlichen Beziehungen vermöge des Vertragsrechts, Beamte und vertragsmäßig angenommene Personen von der Teilnahme an bestimmten Vereinen und Versammlungen auszuschließen. Es müsse aber bestritten werden, daß sich irgend jemand auf dem Wege des Anstellungs- oder Dienstvertrags eines wichtigen staatsbürgerlichen Rechts, wie es das Vereins- und Versammlungsrecht sei, begeben könne. Solche Verträge müßten als gegen die guten Sitten verstoßend zivilrechtlich nichtig sein, und es müsse im Reichsvereinsgesetze ausgesprochen werden, daß das Vereins- und Versammlungsrecht ein Recht sei, das weder durch Landesrecht noch durch Vertrag ausgeschlossen oder auch nur beschränkt werden könne. Dasselbe gelte natürlich auch für den Fall, daß private

Unternehmer ihren Arbeitern durch den Arbeitsvertrag die Ausübung des Versammlungsrechts rauben oder beschneiden wollen. Auch dies müsse für gesetzlich unmöglich erklärt werden.

Erwidert wurde von einem Mitgliede der Kommission:

Der Entwurf regele das Recht der Vereine und Versammlungen und lege fest, daß das Recht der Reichsangehörigen, Vereine zu bilden und sich zu versammeln, frei sei. Weiter zähle der Entwurf die Verpflichtungen auf, die der Staat den Vereinen und Versammlungen als solchen im Interesse der Staatsordnung auferlege. Deshalb sei die Wirkung eines solchen Gesetzes auf das Gebiet der Vereine und Versammlungen beschränkt. Es berühre nicht die Beschränkungen, die gegenüber einzelnen oder ganzen Kategorien von Staatsbürgern auf Grund von Rechtstiteln oder Rechtsvorschriften bestünden, die außerhalb des Gebiets des Vereins- und Versammlungsrechts lägen. Weder die elterliche Gewalt gegenüber Kindern, noch die Befugnisse der Schule gegenüber jugendlichen Schülern, noch die des Lehrherrn gegenüber Lehrlingen würden durch das Vereins- und Versammlungsrecht berührt, und es sei vom Entwurf offenbar nicht beabsichtigt, in diese Rechte oder Befugnisse einzugreifen, soweit sie etwa angewendet würden, um Kinder, Schüler, Lehrlinge von vornherein aus den Versammlungen fernzuhalten. Dasselbe gelte für die disziplinarischen Rechte der Anstellungsbehörden gegenüber den Beamten, sowie für die Rechte, die seitens eines Arbeitgebers hinsichtlich einer Beschränkung des Vereins- und Versammlungsrechts bestimmter Personen aus Anstellungs- oder Arbeitsverträgen hergeleitet würden. Gewiß sei es in der Regel bedauerlich, wenn Behörden ihre Beamten, Arbeitgeber ihre Arbeitnehmer in der Ausübung des sonst allen Staatsbürgern zustehenden Vereins- und Versammlungsrechts beschneiden; allein das sei eine Frage des Beamtenrechts und des Vertragsrechts, die in einem Vereinsgesetz nicht erledigt werden könne. Ob ein Vertrag, der die Angestellten verpflichte, bestimmten Vereinen nicht anzugehören oder bestimmte Versammlungen nicht zu besuchen, oder der etwa das Vereins- und Versammlungsrecht überhaupt zu verkümmern suche, als gegen die guten Sitten verstoßend nichtig sei — eine Frage, die man im Interesse der allgemeinen Vereins- und Versammlungsfreiheit in weitem Umfange bejahen möchte —, und ob sich daraus privatrechtliche Folgen anderer Art herleiten ließen, wie Kündigung, Schadensersatzansprüche usw., sei vom Standpunkte des Zivilrechts aus, insbesondere des Bürgerlichen Gesetzbuchs, zu beantworten, nicht aber vom Standpunkte des Vereinsgesetzes. Andernfalls müßte man alle Möglichkeit der Beeinflussung des Willens eines Staatsbürgers von seiten eines anderen, soweit solche Beeinflussungen Wirkung auf dem Gebiete des Vereins- und Versammlungsrechts äußern könnten, im Vereinsgesetze regeln. Das sei aber im Interesse des Gesetzes selbst, seiner Klarheit, der juristischen Folgerichtigkeit seines Aufbaues, entschieden abzulehnen. Einer Beschränkung der Beamten, Angestellten und Arbeiter in Ausübung öffentlich-rechtlicher Befugnisse solle damit gewiß nicht das Wort geredet werden. Allein diese Frage sei eben anderen Ortes auszutragen.

Der Staatssekretär bezeichnete diese Ausführungen als durchaus zutreffend und bestätigte, daß Gewaltverhältnisse, disziplinarische und vertragsmäßige Rechte zwischen bestimmten Personen oder Kategorien von Personen vom Vereinsgesetz unberührt gelassen würden. Ebensowenig sei es möglich — liege aber jedenfalls außerhalb der Aufgaben dieses Gesetzes —, Verträge der bezeichneten Art als schlechthin sittenwidrig zu bezeichnen. Und bezüglich der Beamten fügte der Staatssekretär noch hinzu (KomBer. S. 12): Auch die Beamten genießen Vereins- und Versammlungsfreiheit und sollten sie weiterhin genießen. Allein man könne durch ein Vereinsgesetz nicht hinweggehen über besondere Pflichtbeziehungen, die zwischen Behörde und Beamten bestehen. Die Behörde müsse das Recht haben, ihre Beamten von Vereinen und Versammlungen fernzuhalten, deren Zwecke dem Wesen des Beamtentums widerstreiten. Die gleiche Erklärung hatte der Staatssekretär bei der ersten Lesung des Entwurfes im Plenum des Reichstages abgegeben. StenBer. S. 2093 D, 2094 A. S. auch Anm. 12.

Die disziplinaren und vertraglichen Beschränkungen gegenüber Beamten haben natürlich nur Geltung zwischen Behörde und Beamten, sie berühren das Vereins- und Versammlungsrecht an sich nicht. Ein Recht etwa für die Polizeibehörde, einen Beamten auf Grund des Disziplinarverbotes von Vereinen oder Versammlungen auszuschließen, besteht natürlich nicht.

9. a) Eine Bestimmung der Begriffe „Verein" und „Versammlung" hat das Gesetz nicht gegeben. In der Begründung des Entwurfs heißt es hierzu (S. 22): Von einer Festlegung der Begriffe „Verein" und „Versammlung" ist mit Rücksicht auf die Bedenken, die jeder Begriffsbestimmung auf dem flüssigen Gebiete des öffentlichen Lebens entgegenstehen, Abstand genommen. Insbesondere ist von der Aufstellung einer bestimmten Mitgliederzahl als Begriffsmerkmal für Vereine, wie es sich in der Landesgesetzgebung findet, wegen des darin enthaltenen, stets mehr oder minder willkürlichen und zufälligen Momentes abgesehen worden. Auch im bürgerlichen Rechte (§ 56 BGB.) beruht ihre Verwendung auf besonderen Gesichtspunkten.

b) Unter „Verein" ist „jede dauernde Vereinigung

mehrerer Personen zur Verfolgung bestimmter gemeinschaftlicher Zwecke zu verstehen (Entscheid. d. RG. Bd. 28 S. 68). Wesentlich für den Begriff des Vereins ist, daß die „Vereinigung auf längere, freilich nur in concreto zu bemessende Dauer" stattfindet; hierdurch unterscheidet sich der Verein von der Versammlung (v. Kamptz und Delius, Rechtsprechung, Bd. 2 S. 33).

„Versammlungen" sind Zusammenkünfte (vorübergehende Verbindungen) einer Mehrzahl von Personen zur Verhandlung oder Beschlußfassung über eine gemeinschaftliche Angelegenheit (Jolly in Stengel, Wörterbuch des deutschen Verwaltungsrechtes, Bd. 2, S. 666).

Ueber die Begriffe „Versammlung" und „Verein" und den Unterschied beider hat sich das Reichsgericht in einer Entscheidung (Bd. 21 S. 73) folgendermaßen ausgesprochen:

„Vorausgesetzt wird für den Begriff „Versammlung" in jedem Falle eine gewisse, nicht allzu klein an Zahl bemessene, äußerlich irgendwie vereinigte Personenmehrheit oder Menschenmenge. Eine solche Personenmehrheit pflegt man „Versammlung" zu nennen, sobald zu dem, oft nur zufälligen oder scheinbaren, durch das örtliche Zusammensein bedingten äußeren Bande eine auf gemeinsamen, bewußten Zwecken und Zielen, also auf gemeinsamem Wollen beruhende innere Vereinigung hinzutritt. Und man unterscheidet in dieser Beziehung „Verein" bzw. „Verbindung" von „Versammlung", je nachdem die in Frage stehende Personenmehrheit es auf gewisse dauernde Ziele oder nur auf ein zeitweiliges, für einen augenblicklichen oder doch verhältnismäßig schnell vorübergehenden Zweck berechnetes Zusammentreten abgesehen hat. Damit hängt denn des weiteren zusammen, daß das auf die Dauer berechnete innere, organische Band, welches den Einheitspunkt eines „Vereins" oder einer „Verbindung" darstellt, sich der Regel nach auch äußerlich in einer die Unterordnung unter einen gemeinsamen Willen zum Ausdrucke bringenden Organisation verkörpert, während die flüchtige Erscheinung einer „Versammlung" jeder derartigen Organisation entbehren kann. Der gemeinsame Zweck, welcher die letztere innerlich vereinigt, kann so einfacher, spontaner, auf gemeinsamer Empfindung, Gebrauch oder Herkommen wurzelnder Natur sein, daß jedes leitende oder ordnende Organ entbehrlich ist. Es ist nicht abzusehen, weshalb einer größeren Anzahl von Personen, welche sich auf Verabredung zusammenfinden, um etwa gemeinsam eine gottesdienstliche Handlung zu verrichten, einen Redner anzuhören, sich etwas vorlesen zu lassen usw. die Eigenschaft einer „Versammlung" zukommen oder abgehen soll, je nachdem man die Bestellung eines Vorsitzenden, Ordners oder dergleichen in concreto für erforderlich gehalten hat oder nicht. Nicht also die Organisation, sondern lediglich der gemeinsame praktische Zweck unterscheidet die einheitlich verbundene „Versammlung" von der formlosen, unverbundenen Menschenmenge. An sich aber ist jeder Zweck geeignet, das Einigungsband und den inneren Mittelpunkt für eine „Versammlung" abzugeben, rein gesellige Bestrebungen ebensowohl wie solche, welche mit der sogen. Geselligkeit gar nichts gemein haben."

10. In der Kommission wurde „die Regierung um eine eindeutige Erklärung gebeten, in welchem Verhältnis nach ihrer Ansicht das Landespolizeirecht zu dem Reichsrecht stehen solle". Der Staatssekretär des Innern gab hierauf über die Ausschließlichkeit des Vereinsgesetzes gegenüber dem Landespolizeirecht folgende Erklärung ab (KomBer. S. 13, 14):

Indem der Entwurf allen Reichsangehörigen das Recht gewähre, zu Zwecken, die den Strafgesetzen nicht zuwiderlaufen, Vereine zu bilden und sich zu versammeln, spreche er aus, daß eine Personenmehrheit oder einzelne Personen von dem Gesichtspunkt aus, daß sie von ihrem Vereins- oder Versammlungsrechte Gebrauch machen, nur denjenigen Beschränkungen unterworfen werden dürfen, welche der Entwurf selbst vorsehe. Abgesehen hiervon dürften Maßregeln gegenüber der Gefahr, die nur darin gefunden werden kann, daß eine Mehrzahl von Personen zu Vereinen oder Versammlungen zusammentritt, nicht getroffen werden.

Andrerseits werde aber die Staatsgewalt durch den Entwurf nur auf dem Gebiete des Vereins- und Versammlungsrechts beschränkt. Niemand, sei es ein einzelner oder eine Mehrheit von Personen, könne sich dadurch, daß er von dem Vereins- oder Versammlungsrechte Gebrauch mache, in anderer Richtung eine bevorzugte Stellung schaffen. Es sollten nicht etwa für Vereine oder Versammlungen Vorrechte in dem Sinne geschaffen werden, daß die vom Versammlungsrechte Gebrauch machenden Staatsbürger den allgemeinen Gesetzen nicht mehr unterworfen wären. Strafbare Handlungen blieben strafbare Handlungen, auch wenn sie in Vereinen oder Versammlungen begangen würden. Sei ferner beispielsweise das Betreten bestimmter Örtlichkeiten, sei es an sich, sei es wegen Baufälligkeit oder weil sie von ansteckender Krankheit infiziert sind, verboten, so bleibe dieses Verbot Unbefugten gegenüber auch dann bestehen, wenn diese dort etwa ihr Vereins- oder Versammlungsrecht ausüben wollen. Ein solches Verbot richte sich nicht gegen den Verein oder die Versammlung als solche, sondern gegen den einzelnen ohne Rücksicht auf seine Teilnahme an Vereinen und Versammlungen.

Diese Absicht des Entwurfs entspreche dem gegenwärtigen preußischen Rechtszustande, der in der Rechtsprechung dahin zusammengefaßt sei, daß

a) die Polizei ihr Einschreiten gegen eine Personenmehrheit, falls es lediglich aus dem Grunde erfolgt, weil diese von ihrem Vereins- oder Versammlungsrechte Gebrauch macht, nur auf das Vereinsgesetz stützen könne, während andrerseits

b) das aus anderen gesetzlichen Vorschriften zulässige oder gebotene Einschreiten gegen eine Mehrheit von Personen oder gegen einzelne Personen nicht lediglich um deswillen rechtswidrig werde, weil diese ihr Vereins- oder Versammlungsrecht ausüben.

(OVG. Bd. 26 S. 403. Johow, Jahrbuch für Entsch. des Kammergerichts Bd. 22 C 67).

Der Staatssekretär fügte hinzu: Wenn hiernach keineswegs jedes polizeiliche Einschreiten gegenüber Vereinen und Versammlungen, das nicht auf eine Vorschrift des Reichsvereinsgesetzes zu gründen wäre, ausgeschlossen sein könne, so bestehe doch keineswegs die Absicht, Hintertüren offen zu lassen. Im Gegenteil solle nach seiner — des Staatssekretärs — Absicht jeder schikanöse Eingriff gegenüber Vereinen und Versammlungen vermieden werden.

11. Bei der Beratung des Gesetzes wurde sowohl in der Kommission als auch im Plenum des Reichstages die Frage aufgeworfen, ob, wenn das Reichsvereinsgesetz angenommen würde, die Polizei oder die Zentralbehörden der Bundesstaaten noch ein Recht haben würden, Präventivverbote gegen Versammlungen zu erlassen. Dies wurde vom Staatssekretär des Innern verneint. Er führte bei der 2. Lesung im Plenum des Reichstages aus: „Genau derselbe Zustand, der gegenwärtig in Preußen besteht, wird nach Annahme des Reichsvereinsgesetzes in Deutschland bestehen. Denn ebenso wie für Preußen das Oberverwaltungsgericht in mannigfachen und, wie ich annehmen darf, bekannten Entscheidungen ausgeführt hat, daß ein vereins- und versammlungsrechtliches Präventivverbot deshalb nicht zulässig sei, weil eine entsprechende Bestimmung im

Preußischen Gesetz nicht stände, ebenso wird ein solches Präventivverbot in Deutschland nicht möglich sein, weil das Gesetz eine Bestimmung darüber nicht enthält." StenBer. S. 4562 D.

12. In Satz 2 des Abs. 1 ist ausgesprochen, daß in polizeilicher Hinsicht nur die im Vereinsgesetz und anderen Reichsgesetzen enthaltenen Bestimmungen gelten. Durch das Wort „polizeilich" soll zugleich ausgedrückt werden, daß etwaige den einzelnen beschränkende zivilrechtliche oder disziplinarische Bestimmungen durch das Vereinsgesetz nicht berührt werden KomBer. S. 136. S. auch Anm. 8.

13. Abs. 2 bezweckt die allgemeinen sicherheitspolizeilichen Bestimmungen des Landesrechts nur soweit zuzulassen, als es sich um die Verhütung unmittelbarer Gefahren für Leben und Gesundheit der Teilnehmer handelt. Der Schwerpunkt liegt hierbei auf den Worten „unmittelbarer" und „Teilnehmer". KomBer. S. 136.

14. Gegenstand lebhaftester Aussprache war in der Kommission das häufig mit dem Vereins- und Versammlungsrecht in Verbindung gebrachte sogenannte Koalitionsrecht. Es ist aber im Vereinsgesetz als „ein dem eigentlichen Vereins- und Versammlungsrecht formell und materiell ungleichartiges Rechtsgebiet" nicht geregelt worden. Die Vorschriften der §§ 152, 153, 154a der Gewerbeordnung, die von den Befugnissen der darin genannten Personenkreise in bezug auf Verabredungen und Vereinigungen zum Behuf der Erlangung günstiger Lohn- und Arbeitsbedingungen handeln, werden daher durch das Gesetz nicht berührt. Begründung S. 20 KomBer. S. 20ff. In bezug auf Verabredungen ländlicher Arbeiter und Dienstboten zur Einstellung oder Verhinderung der Arbeit befindet sich in § 24 ein Vorbehalt zugunsten des Landesrechts. S. § 24 Anm. 2.

15. Auch mit der Rechtsfähigkeit der Berufsvereine befaßt sich das Gesetz nicht. S. Einleitung S. 13.

§ 2.

Ein Verein, dessen Zweck den Strafgesetzen zuwiderläuft, kann aufgelöst werden.

Die Auflösungsverfügung kann im Wege des Verwaltungsstreitverfahrens und wo ein solches nicht besteht, im Wege des Rekurses nach Maßgabe der Vorschriften der §§ 20, 21 der Gewerbeordnung angefochten werden.

Die endgültige Auflösung eines Vereins ist öffentlich bekannt zu machen.

1. Die Vorschrift des § 2 ist von der Kommission eingefügt worden. KomBer. S. 47, 49, 50, 137. Der Entwurf enthielt keine besonderen Bestimmungen über die Auflösung eines Vereins und das dabei zu beobachtende Verfahren. Nur in der Begründung war ausgeführt, daß unter gewissen Voraussetzungen die Polizei zur Schließung oder Auflösung eines Vereins berechtigt sei (S. 27): „Im allgemeinen sollen Vereine, so lange ihre durch Satzung oder Betätigung zum Ausdrucke gebrachten Zwecke den Strafgesetzen nicht zuwiderlaufen, in ihrer Wirksamkeit nicht gestört werden. Ueberschreitet ein Verein die ihm im § 1 des Entwurfs gesteckten Grenzen, so begibt er sich des ihm gewährten Schutzes. Zur Beseitigung des rechtswidrigen Zustandes, der durch die Bildung oder Betätigung eines solchen Vereins entsteht, ist die Polizei — unbeschadet eines etwa gegen die einzelnen Mitglieder einzuleitenden Strafverfahrens — ohne weiteres befugt, durch Anwendung

der ihr zu Gebote stehenden Machtmittel die Schließung oder Auflösung des Vereins herbeizuführen." Die Kommission wünschte aber eine gesetzliche Regelung der polizeilichen Auflösungsbefugnis und des Beschwerdeverfahrens.

Zu Abs. 1.

2. Die Auflösung „kann" verfügt werden. Die Polizeibehörde entscheidet, ob sie von der Befugnis Gebrauch machen will.

Zur Ausübung der polizeilichen Auflösungsbefugnis machte der Staatssekretär des Innern bei der Kommissionsberatung noch folgende allgemeine Ausführung (KomBer. S. 47): Die Bemerkung der Begründung des Gesetzentwurfes auf Seite 27 (s. Anm. 1) sei nicht so zu verstehen, daß eine Auflösung wegen jeder Strafrechtswidrigkeit möglich sein solle, deren sich ein Verein oder seine Mitglieder schuldig machten; vorausgesetzt seien vielmehr Fälle, wo sich ein Verein zum Zwecke mache, gegen Strafgesetze zu handeln. Das würden doch immer nur Ausnahmefälle sein, deshalb werde eine einmalige Verletzung des Strafgesetzes gewiß nicht ohne weiteres die Veranlassung zur Auflösung des Vereins auf Grund von § 1 des Entwurfs sein können. Anderseits sei es nicht ausgeschlossen, daß ein Verein dadurch, daß er einen strafgesetzwidrigen Beschluß fasse, den strafrechtswidrigen Tatbestand damit zu seinem Zweck erhebe. Das sei quaestio facti. Eine allgemein gültige Erklärung lasse sich selbstverständlich in diesem Punkte nicht abgeben.

Zu Abs. 2.

3. Das Rekursverfahren nach §§ 20 ff. der Gewerbeordnung greift nur so lange Platz, als nicht das geordnete Verwaltungsstreitverfahren möglich ist. Das wurde in der Kommission widerspruchslos betont. KomBer. S. 48.

Die in Betracht kommenden Vorschriften der Gewerbeordnung lauten:

§ 20. Gegen den Bescheid ist Rekurs an die nächstvorgesetzte Behörde zulässig, welcher bei Verlust desselben binnen vierzehn Tagen, vom Tage der Eröffnung des Bescheids an gerechnet, gerechtfertigt werden muß.

Der Rekursbescheid ist den Parteien schriftlich zu eröffnen und muß mit Gründen versehen sein.

§ 21. Die näheren Bestimmungen über die Behörden und das Verfahren, sowohl in der ersten als in der Rekursinstanz, bleiben den Landesgesetzen vorbehalten. Es sind jedoch folgende Grundsätze einzuhalten:

1. In erster oder in zweiter Instanz muß die Entscheidung durch eine kollegiale Behörde erfolgen. Diese Behörde ist befugt, Untersuchungen an Ort und Stelle zu veranlassen, Zeugen und Sachverständige zu laden und eidlich zu vernehmen, überhaupt den angetretenen Beweis in vollem Umfange zu erheben.
2. Bildet die kollegiale Behörde die erste Instanz, so erteilt sie ihre Entscheidung in öffentlicher Sitzung, nach erfolgter Ladung und Anhörung der Parteien, auch in dem Falle, wenn zwar Einwendungen nicht angebracht sind, die Behörde aber nicht ohne weiteres die Genehmigung erteilen will, und der Antragsteller innerhalb vierzehn Tagen nach Empfang des die Genehmigung versagenden oder nur unter Bedingungen erteilenden Bescheids der Behörde auf mündliche Verhandlung anträgt.
3. Bildet die kollegiale Behörde die zweite Instanz, so erteilt sie stets ihre Entscheidung in öffentlicher Sitzung, nach erfolgter Ladung und Anhörung der Parteien.

4. Als Parteien sind der Unternehmer (Antragsteller), sowie diejenigen Personen zu betrachten, welche Einwendungen erhoben haben.

5. Die Öffentlichkeit der Sitzungen kann unter entsprechender Anwendung der §§ 173—176 des Gerichtsverfassungsgesetzes ausgeschlossen oder beschränkt werden.

4. Eine besondere Festsetzung von **Fristen** für das Anfechtungsverfahren wurde von der Kommission nicht für notwendig gehalten. Für die Fristen sind die betreffenden Vorschriften des landesgesetzlichen Verwaltungsstreitverfahrens und des § 20 der Gewerbeordnung maßgebend. KomBer. S. 50.

5. Die Vorschrift in Abs. 2 hat übrigens, wie schon aus dem Worte „**kann**" hervorgeht, **nicht** den Sinn, daß die Verfügung, durch welche die Auflösung eines Vereins ausgesprochen wird, **ausschließlich** im Wege des Verwaltungsstreitverfahrens und, wo ein solches nicht besteht, im Wege des Rekurses nach Maßgabe der Vorschriften der §§ 20, 21 der Gewerbeordnung angefochten werden kann. Vielmehr **bleiben den Beteiligten** auch die **sonstigen Anfechtungsmittel**, die das Landesrecht gegen derartige Auflösungsverfügungen zuläßt, insbesondere auch das Recht der **Beschwerde**, wo ein solches gegeben ist, **daneben** erhalten. Erklärung des **Staatssekretärs** des Innern bei der Kommissionsberatung. KomBer. S. 137.

Zu Abs. 3.

6. a) **Nur** diejenige Entscheidung ist öffentlich bekannt zu machen, durch welche die **Auflösung** eines Vereins verfügt wird, nicht aber diejenige Entscheidung, durch welche ausgesprochen wird, daß die von der Verwaltungsbehörde verfügte Auflösung nicht bestätigt, der Verein also **nicht** aufgelöst wird. KomBer. S. 48, 49.

b) Daß die Bekanntmachung durch ein **amtliches** Blatt erfolge, ist nicht unbedingt erforderlich, sie kann vielmehr auch auf andere Weise geschehen; insbesondere kann die Verwaltungsbehörde für die Veröffentlichung auch andere nicht amtliche Blätter in Anspruch nehmen. Ueber die Verpflichtung zur Aufnahme einer derartigen Bekanntmachung bestimmt das Gesetz über die Presse v. 7. Mai 1874:

§ 10. Der verantwortliche Redakteur einer periodischen Druckschrift, welche Anzeigen aufnimmt, ist verpflichtet, die ihm von öffentlichen Behörden mitgeteilten amtlichen Bekanntmachungen auf deren Verlangen gegen Zahlung der üblichen Einrückungsgebühren in eine der beiden nächsten Nummern des Blattes aufzunehmen.

§ 19. Mit Geldstrafe bis zu einhundert und fünfzig Mark oder mit Haft werden bestraft:

. . . . . .

3. Zuwiderhandlungen gegen die §§ 10 . . .

In den Fällen der Ziffer 3 tritt die Verfolgung nur auf Antrag ein, und hat das Strafurteil zugleich die Aufnahme des eingesandten Artikels in die nächstfolgende Nummer anzuordnen. Ist die unberechtigte Verweigerung im guten Glauben geschehen, so ist unter Freisprechung von Strafe und Kosten lediglich die nachträgliche Aufnahme anzuordnen.

§ 3.

Jeder Verein, der eine Einwirkung auf politische Angelegenheiten bezweckt (politischer Verein), muß einen Vorstand und eine Satzung haben.

Der Vorstand ist verpflichtet, binnen einer Frist von zwei Wochen nach Gründung des Vereins die Satzung sowie das Verzeichnis der Mitglieder des Vorstandes der für den Sitz des Vereins zuständigen Polizeibehörde einzureichen. Über die erfolgte Einreichung ist eine kostenfreie Bescheinigung zu erteilen.

Ebenso ist jede Änderung der Satzung sowie jede Änderung in der Zusammensetzung des Vorstandes binnen einer Frist von zwei Wochen nach dem Eintritte der Änderung anzuzeigen.

Die Satzung sowie die Änderungen sind in deutscher Fassung einzureichen. Ausnahmen von dieser Vorschrift können von der höheren Verwaltungsbehörde zugelassen werden.

1. § 3 entspricht dem § 2 des Entwurfs. Er handelt von den besonderen Verpflichtungen der politischen Vereine, d. h. solcher Vereine, die eine Einwirkung auf „politische" Angelegenheiten bezwecken. Im Entwurf war die Rede von Vereinen, die eine Einwirkung auf „öffentliche" Angelegenheiten bezwecken. Die Fassung des Gesetzes beruht auf den übereinstimmenden Beschlüssen der Kommission erster und zweiter Lesung. KomBer. S. 33, 44, 138. Bei der Begründung des Antrages auf Aenderung des Entwurfes wurde in der Kommission ausgeführt (KomBer. S. 34): Der Antrag bezwecke den Begriff der öffentlichen Angelegenheiten zu ersetzen durch „politische Angelegenheiten". Der betreffende Verein solle dann auch ausdrücklich als politischer Verein bezeichnet werden. Man knüpfe damit an andere Gesetze, z. B. das bayerische Gesetz, an. Zweifellos sei der Begriff „öffentliche Angelegenheiten" weiter als der Begriff „politische Angelegenheiten". Das sei an der Hand der Judikatur zu erweisen, z. B. Kammergericht Bd. X S. 246 Nr. 96, Bd. XI S. 307 Nr. 127, Bd. XI S. 309 Nr. 128, ferner Reichsgericht-Straff. Bd. XVI S. 383, Bd. XXII

S. 237. Auch der Begriff „politisch“ sei von der Judikatur schon sehr weit gefaßt. Er begreife zweifellos auch die gesamte Sozialpolitik in sich. Eine Definition des Begriffes, die wie alle Definitionen nur geringen Wert besitzen würde, sei besser zu vermeiden.

In der Begründung zu § 2 des Entwurfes heißt es (S. 26): Indem der Entwurf die Ausübung der Befugnis, Vereine zu bilden, nur in dem unbedingt gebotenen Umfang an Voraussetzungen knüpft, macht er dem Vorstande jedes Vereins, der eine Einwirkung auf öffentliche Angelegenheiten bezweckt, zur Pflicht, binnen einer Woche nach Gründung des Vereins die Satzung sowie das Verzeichnis der Vorstandsmitglieder bei der für den Sitz des Vereins zuständigen Polizeibehörde einzureichen. Ebenso ist jede Aenderung der Satzung sowie jede Aenderung in der Zusammensetzung des Vorstandes binnen einer Woche nach Eintritt der Aenderung anzuzeigen.

2. a) Die in § 3 aufgestellten Verpflichtungen treffen nur Vereine, die eine Einwirkung auf politische Angelegenheiten bezwecken. Das Gesetz hat es absichtlich vermieden, den Begriff der „politischen“ Angelegenheit“ zu bestimmen, dies vielmehr der Wissenschaft und Rechtsprechung überlassen. Bei der Kommissionsberatung war die Aufnahme folgender Bestimmung zu Abs. 1 des Gesetzes beantragt worden (KomBer. S. 32):

> „Politische Angelegenheiten im Sinne dieser Bestimmung sind solche, welche Verfassung, Verwaltung, Gesetzgebung des Staates, die staatlichen Rechte der Bürger und die internationalen Beziehungen der Staaten in sich begreifen. Vereine, welche eine Einwirkung auf die Regelung politischer Angelegenheiten im Rahmen der Berufs- und Standesinteressen bestimmter Personenkreise bezwecken, gelten nicht als politische Vereine.“

Gegen den Antrag wurde vom Staatssekretär des Innern angeführt (KomBer. S. 35): Durch die Aufnahme von Begriffsbestimmungen könne der Zustand lediglich verschlechtert werden, da gerade auf dem hier in Rede stehenden Gebiete mit einer steten Weiterentwickelung gerechnet werden müsse, der starre Begriffsbestimmungen dann nicht zu folgen vermögen. Der Antrag wurde von der Kommission abgelehnt. KomBer. S. 44.

b) Zu dem Begriff der „politischen Angelegenheiten" wurde in der Kommission von einem Mitgliede ausgeführt: Die Praxis, namentlich in Preußen, verstehe unter politischen Angelegenheiten alle diejenigen, die den Staat als solchen berühren, indem sie die Organe seiner Gesetzgebung oder Verwaltung unmittelbar in Bewegung setzen oder zu setzen versuchen. Hiernach werde man nur solche öffentliche Angelegenheiten als nichtpolitische ansehen können, die sich als solche der innerstaatlichen Selbstverwaltungskörper, namentlich der Gemeinden, darstellen. Allein überall, wo es gelte, Gemeindeangelegenheiten auf dem Wege der Gesetzgebung zu regeln, greife man in das Gebiet der politischen Angelegenheiten über. Ueberhaupt werde bei der zunehmenden Tendenz der Gesetzgebung, alle Fragen unseres wirtschaftlichen und sozialen Lebens zu ergreifen, bald nichts mehr übrig bleiben, was nicht politisch sei. Das gelte namentlich für die gesamte Sozialpolitik (KomBer. S. 56).

Ueber den Begriff „politische Angelegenheiten" hat sich das Reichsgericht folgendermaßen ausgesprochen: „Unter ‚politischen' Gegenständen wird man alle Angelegenheiten zu verstehen haben, welche Verfassung, Verwaltung, Gesetzgebung des Staates, die staatsbürgerlichen Rechte der Untertanen und die internationalen Beziehungen der Staaten zueinander in sich begreifen." Entscheid. Bd. 16 S. 384. Und an einer anderen Stelle führt das Reichsgericht aus (Entscheid. Bd. 22 S. 340): „Es handelt sich für die Begriffsbestimmung ‚politische Gegenstände‘ nicht darum, durch irgendwelche Ideenverbindung zu ermitteln, ob der fragliche Gegenstand nicht unter Umständen und Bedingungen ‚in die Interessen und Aufgaben des Staates hinübergreifen‘ kann, sondern ausschließlich darum, ob der fragliche Gegenstand als solcher unmittelbar den Staat, seine Gesetzgebung oder Verwaltung, seine Organe und Funktionen in Bewegung setzt.“

Wahlangelegenheiten sind politische Angelegenheiten, mögen sie den Reichstag, Landtag oder eine vom Staate anerkannte Korporation, z. B. Besprechung der Bürgermeisterwahl, betreffen; ferner politische Kundgebungen aller Art sowie die Rechtsverhältnisse der vom Staat anerkannten, in ihrer Stellung geregelten Körperschaften, z. B. der Stadt- und Dorfgemeinden, v. Kamptz u. Delius S. 44, Groschuff S. 45.

Gewerbliche Koalitionen behufs Erlangung günstiger Lohn- und Arbeitsbedingungen werden zu politischen Vereinen, sobald sie das Gebiet des gewerblichen Lebens mit seinen konkreten Interessen verlassen, sobald sie hinübergreifen in das staatliche Gebiet, sobald sie die Organe und die Tätigkeit des Staates für sich in Anspruch nehmen. Nicht allein die allgemeine Tendenz und das letzte Ziel, sondern zugleich Form und Mittel der Vereinsbestrebungen entscheiden darüber, ob sie politischen Charakter an sich tragen. Entscheid. d. Reichsger. Bd. 16 S. 385.

Wirtschaftliche Fragen gehören nicht notwendig zu den politischen Gegenständen; unzweifelhaft tragen sie aber diesen Charakter, wenn eine Aenderung der bestehenden sozialen Zustände mittels staatlichen Zwanges, staatlicher Einrichtungen oder gar mittels Beseitigung geltender Verfassungsgrundsätze erstrebt wird. Das „Wie“ der Behandlungsweise ist nicht das entscheidende Merkmal. „Rechtsprechung" des Reichsgerichts in Strafsachen Bd. 9 S. 188.

3. Die Anwendung der Vorschriften des § 3 setzt voraus, daß der Verein eine „Einwirkung" auf politische Angelegenheiten bezweckt. Eine Erörterung oder Beratung politischer Angelegenheiten wird für die Anwendbarkeit des § 3 nicht gefordert. Anders bei politischen Versammlungen (§ 5). Auf das Mittel der Einwirkung kommt es nicht an. Die Einwirkung kann sowohl mündlich (durch Reden) wie schriftlich, insbesondere auch durch Verbreitung von Druckschriften erfolgen. Auch in dem Singen politischer Lieder, Darstellung eines lebenden Bildes kann eine „Einwirkung" gefunden werden. Groschuff S. 55, Friedenthal S. 74, v. Kamptz u. Delius S. 37.

4. Der Verein muß eine Einwirkung auf politische Angelegenheiten „bezwecken". „Bezwecken" ist gleichbedeutend mit „beabsichtigen". Eine Handlung bezweckt etwas, wenn sie der Absicht des Handelnden gemäß vorgenommen ist. Ein Verein, welcher absichtlich und bewußt in seinen Versammlungen auch politische Angelegenheiten erörtert, ist demnach ein Verein, welcher auf politische Angelegenheiten einzuwirken bezweckt. Groschuff, v. Kamptz u. Delius a. a. O. Daß der Verein ausschließlich auf die politischen Angelegenheiten einzuwirken bezwecke, ist nicht erforderlich. Eine einmalige, gelegentliche Einwirkung genügt an sich nicht zur Annahme, daß der Verein eine Einwirkung „bezwecke". Es kann aber trotzdem unter Umständen schon aus einer tatsächlichen Einwirkung in einzelnen Fällen geschlossen werden, daß der Verein eine Einwirkung bezweckt. In dieser Beziehung führte der Staatssekretär des Innern in der Kommissionsberatung aus (KomBer. S. 42): Nach dem Entwurfe genüge die bloße tatsächliche Einwirkung auf einzelne öffentliche Angelegenheiten keineswegs, um den betreffenden Verein dem § 2 zu

unterstellen. Erfordernis sei, daß der Verein die Einwirkung „bezwecke". Ob eine einmalige Beschäftigung mit öffentlichen Angelegenheiten den Uebergang zu einer hierauf gerichteten Zweckbestimmung des Vereins bilde, sei reine Tatfrage.

Für die Frage, ob der Verein eine Einwirkung auf politische Angelegenheiten bezweckt, ist der Inhalt der Satzung keineswegs allein maßgebend. Es ist denkbar, daß ein Verein tatsächlich und dauernd in einer Richtung arbeitet, die seinen Satzungszwecken durchaus widerspricht. v. Kamptz u. Delius S. 37, Friedenthal S. 77.

5. Zu der Vorschrift, daß der politische Verein einen Vorstand und eine Satzung haben muß, heißt es in der Begründung des Entwurfes (S. 26): Mit dem Verlangen, daß jeder Verein, der eine Einwirkung auf öffentliche Angelegenheiten bezweckt, einen Vorstand und eine Satzung haben muß, soll auch hier nicht ein Begriffsmerkmal, sondern nur eine polizeiliche Forderung aufgestellt werden. An und für sich ist das Vorhandensein eines Vorstandes nach der Natur des Vereins selbstverständlich, da eine dauernde Vereinigung ohne eine bestimmte Organisation kaum denkbar ist.

6. Das Gesetz unterläßt es, Vorschriften über die Bildung und Zusammensetzung des Vorstandes oder über den Inhalt der Satzung zu geben, da es zweckmäßig den Vereinen überlassen bleibt, ihre inneren Angelegenheiten nach eigenem Ermessen zu regeln. Dabei erscheint es selbstverständlich, daß der Zweck des Vereins aus seiner Satzung erkennbar sein muß. Begründung a. a. O.

Der Vorstand kann hiernach sowohl aus einer einzigen Person wie aus mehreren bestehen. Daraus, daß in Abs. 2 von dem Verzeichnis „der Mitglieder" des Vorstandes die Rede ist, darf nicht geschlossen werden, daß mehrere Mitglieder nötig sind.

Daß die Satzung den vom BGB. in § 58 (s. Anhang) geforderten Inhalt habe, ist nach dem Vereinsgesetze nicht notwendig.

7. **Zu Absatz 2.**

a) Einer Aufforderung zur Einreichung der Satzung und des Verzeichnisses der Mitglieder des Vorstandes bedarf es nicht. Die Verpflichtung erwächst ohne weiteres durch die Gründung des Vereins.

b) Als Sitz des Vereines ist, soweit nicht ein anderes bestimmt ist, der Ort anzusehen, an welchem die Verwaltung geführt wird. Die Bescheinigung über die erfolgte Einreichung ist von Amts wegen zu erteilen; eines Antrages seitens des Einreichenden bedarf es nicht.

c) Das Gesetz verlangt nur die Einreichung des Verzeichnisses der Mitglieder des Vorstandes. Die bisher landesgesetzlich vielfach vorgeschriebene Verpflichtung zur Einreichung des Mitgliederverzeichnisses ist in das Reichsgesetz nicht aufgenommen. Nach dem Vereinsgesetz kann also die Einreichung des Mitgliederverzeichnisses nicht mehr gefordert werden. In der Begründung des Entwurfes heißt es hierzu (S. 27):

Der Verzicht auf die Verpflichtung zur Einreichung des Mitgliederverzeichnisses bedeutet eine wesentliche Erleichterung gegenüber der Mehrzahl der geltenden Vereinsgesetze. Für die Polizeibehörde kann es allerdings von Bedeutung sein, über die einzelnen Mitglieder eines politischen Vereins unterrichtet zu werden. Indessen ist zur Erlangung dieser Kenntnis die Vorlage des Mitgliederverzeichnisses nicht unbedingt erforderlich und unter Umständen nicht ausreichend. In kleineren Verhältnissen wird eine aufmerksame Polizeibehörde sich auch ohne das Mitgliederverzeichnis leicht unterrichten können, während in Großstädten oder bei größeren, weite Gebiete umfassenden Vereinen der Behörde durch die Mitteilung der Namen noch nicht die

Möglichkeit geboten wird, einen Schluß auf die Natur des Vereins zu ziehen. Da überdies viele Vereine mit Rücksicht auf die Zahl und den Wechsel der Mitglieder sich in der Unmöglichkeit befinden, ein genaues Verzeichnis der Mitglieder einzureichen und auf dem laufenden zu erhalten, wird die Verpflichtung hierzu, wo sie besteht, vielfach als eine besondere und unnötige Belästigung empfunden, deren Beseitigung von den Beteiligten gewünscht wird. (S. auch § 22.)

Die Polizeibehörde hat aber kraft ihres allgemeinen Ermittelungsrechtes auch mangels besonderer gesetzlicher Anerkennung die Befugnis, Auskünfte über die Mitglieder zu verlangen, wenn sie dessen zur Erfüllung ihrer Aufgaben bedarf, und kann dies Recht nötigenfalls durch Exekutivstrafen erzwingen.

Ueber die Frage, inwieweit die Polizeibehörden, wenn ihnen auch vereinsgesetzlich das Recht der Einforderung des Mitgliederverzeichnisses nicht zusteht, dennoch in Zukunft berechtigt sind, von den Vereinen Auskunft bezüglich der Mitglieder zu verlangen, äußerte sich der Staatssekretär des Innern bei der zweiten Lesung des Entwurfes im Plenum des Reichstages folgendermaßen: In einer großen Anzahl von einzelstaatlichen Vereinsgesetzen — ich nenne nur das preußische und das badensche — ist gegenwärtig ausdrücklich festgesetzt, daß die Vereine verpflichtet sind, der Polizeibehörde auf Anfrage Auskunft über ihre Mitglieder zu geben. Eine solche Bestimmung ist in den Entwurf nicht übernommen worden, und nach den allgemeinen Ausführungen, die ich vorhin gemacht habe, folgt daraus, daß eine solche allgemeine vereinsrechtliche Auskunftspflicht der Vereine nach dem Reichsgesetze nicht besteht. Eine Auskunftspflicht wird nur insoweit bestehen, als die Polizei von dem Vereine Auskunft verlangen kann unter denjenigen Voraussetzungen und in denjenigen Fällen, in den sie kraft allgemeiner polizeilicher Befugnisse von einer einzelnen Persönlichkeit Auskunft verlangen könnte. Kann die Polizei von der einzelnen Persönlichkeit Auskunft verlangen, so kann sie diese, wenn dieselben Gründe vorliegen, auch von einem Verein verlangen. Das ist aber etwas ganz anderes, als wenn in dem Vereinsrecht dem Vereine allgemein, vereinsrechtlich, die Pflicht auferlegt wird, Auskunft über seine Mitglieder zu erteilen. Eine solche Auskunftspflicht der Vereine besteht nach dem Reichsvereinsgesetze nicht. StenBer. S. 4577 C und D.

Die Polizeibehörde hat insbesondere auch das Recht, von dem Vorstande über die Mitgliedschaft oder Nichtmitgliedschaft einzelner Personen, die nicht Reichsangehörige sind, Auskunft zu verlangen. Vgl. hierzu § 1 Anm. 5a.

8. In der Kommission wurde ausführlich die Frage erörtert, ob und inwieweit die Vorschriften des § 3 auch auf Zweigvereine, „Ortsgruppen", „Zahlstellen" u. dgl. Anwendung finden sollen. Es war beantragt worden, folgende Bestimmungen in das Gesetz aufzunehmen (KomBer. S. 32, 33):

„Auf Zweigvereine, Ortsgruppen, Zahlstellen und sonstige örtliche Abteilungen eines Vereins finden die vorstehenden Bestimmungen keine Anwendung." „Die Anmeldung von Vereinen, die ihre Tätigkeit über den Bezirk eines Ortes ausdehnen, z. B. durch Abhaltung von Versammlungen, Versendung von Druckschriften, Errichtung von besonderen Zweigvereinen, Filialen, Zahlstellen oder dergleichen, hat nur an dem Orte zu erfolgen, wo der Sitz der Zentralverwaltung ist."

Zu diesen Anträgen wurde von seiten eines Vertreters der verbündeten Regierungen folgende Erklärung abgegeben:

Die Fassung der Anträge lasse darüber Zweifel bestehen, ob sie jeden Verein ausnehmen wollen, der, obgleich er in Wirklichkeit ein „Verein" im Sinne des

Entwurfs sei, sich selbst nur als „Zweigverein", „Ortsgruppe" usw. bezeichne, oder ob er nur solche Gebilde im Auge habe, die tatsächlich die Eigenschaft eines „Zweigvereins" usw. haben. Ersteres sei wohl nicht beabsichtigt. Nach der zweiten Auslegung bedeute aber der Antrag praktisch keinen Gewinn. Falls tatsächlich nur eine „Ortsgruppe" usw. eines Vereins vorhanden sei, so finden ohnehin darauf die Vorschriften des § 2 des Entwurfs keine Anwendung. Welche rechtliche Eigenschaften aber solchen örtlichen Verbindungen zukommen, lasse sich allgemein nicht feststellen. Schon nach der bisherigen Rechtsprechung — vgl. insbesondere Entsch. des Reichsgerichts in Straff. Bd. 22 S. 337, sowie für Preußen Entsch. des OVG. Bd. 39 S. 435 ff. und des KG., Johow Bd. 25 C 25 und 30 C 26 — sei stets davon ausgegangen, daß dies eine reine Tatfrage bilde, bei deren Entscheidung neben der Frage, ob die „Ortsgruppe", „Zahlstelle" usw. überhaupt die Merkmale eines „Vereins" aufweise, hauptsächlich zu prüfen sei, ob eine „mehr oder weniger organisierte dauernde Vereinigung zur Verfolgung besonderer örtlich begrenzter Zwecke" vorliege. Es kommt dabei z. B. darauf an, wie die tatsächliche Stellung des „Vorstandes" der „Ortsgruppe" sei, ob er lediglich als Bevollmächtigter des Zentralverbandes oder des Vorstandes des letzteren dessen Geschäfte an dem einzelnen Orte führe, ferner wie das Verhältnis der Mitglieder der „Ortsgruppe" zu dem Gesamtverband sei, vor allem, ob sie ein selbständiges Vereinsleben führen oder sich in den Grenzen ihrer Aufgabe halten, lediglich Glieder des Verbandsorganismus zu sein, wobei ihr tatsächliches Verhalten in Betracht zu ziehen sei. Die Entscheidung lasse sich deshalb in jedem einzelnen Falle nur unter Berücksichtigung der gesamten tatsächlichen Verhältnisse finden. An diesem Zustande ändern die Anträge, wenn sie nur solche Vereinigungen im Auge haben, die in Wahrheit örtliche Abteilungen eines Vereins sind, nichts; die Notwendigkeit, daß stets auf Grund der tatsächlich bestehenden Umstände die rechtliche Eigenschaft der „Ortsgruppe" usw. geprüft werden müsse, würde auch dann bestehen bleiben, wenn die Anträge Gesetz würden, während anderseits solche Vereinigungen, die, ohne selbst Verein zu sein, tatsächlich lediglich als „Ortsgruppen", „Zahlstellen" oder sonstige örtliche Abteilungen eines Vereins anzusehen seien, als solche den Vorschriften des § 2 des Entwurfs auch ohne eine ausdrückliche Ausnahmebestimmung nicht unterliegen würden (KomBer. S. 37).

Und der Staatssekretär des Innern führte aus: Unmöglich lasse sich von vornherein prinzipiell entscheiden, ob ein Zweigverein ein selbständiges Gebilde sei oder nicht. Das sei Tatfrage und müsse der Beurteilung der Behörden im einzelnen Fall, aber nicht der Beurteilung der Vereine selbst überlassen werden. KomBer. S. 44, 138. Die Anträge wurden daraufhin von der Kommission abgelehnt. KomBer. S. 44, 137, 138.

Die Zahlstelle eines größeren Vereins wird zu einem selbständigen Verein, wenn in der lokalen Betätigung des Vereinslebens (Einberufung öffentlicher Versammlungen) der Charakter eines in gewissem Maße abgeschlossenen Vereines hervortritt. Entscheid. d. Preuß. Kammerger. v. 21. April 1902 in Goltdammers Archiv f. Strafr. Bd. 49 S. 345.

9. Welche Behörde als „höhere Verwaltungsbehörde" zu gelten hat, wird von der Landeszentralbehörde bestimmt. § 21.

10. Die Nichtbefolgung der Vorschriften in § 3 berechtigt nicht zur Auflösung des Vereines. Die Auflösung eines Vereines kann nach dem Vereinsgesetz nur erfolgen, wenn sein Zweck den Strafgesetzen zuwiderläuft (§ 2). Nach § 18 Nr. 1 wird aber mit Geldstrafe bis zu 150 Mark, an deren Stelle im Unvermögensfalle Haft tritt, bestraft, wer als Vorstand oder als Mit-

4*

glied des Vorstandes eines politischen Vereines den Vorschriften über die Einreichung von Satzungen und Verzeichnissen (§ 3 Abs. 2 bis 4) zuwiderhandelt. S. § 18 Anm. 4.

§ 4.

Personenmehrheiten, die vorübergehend zusammentreten, um im Auftrage von Wahlberechtigten Vorbereitungen für bestimmte Wahlen zu den auf Gesetz oder Anordnung von Behörden beruhenden öffentlichen Körperschaften zu treffen, gelten vom Tage der amtlichen Bekanntmachung des Wahltags bis zur Beendigung der Wahlhandlung nicht als politische Vereine.

1. a) § 4 enthält eine Ausnahme von § 3. Die Vorschrift befand sich nicht im Entwurfe; sie wurde von der Kommission in zweiter Lesung eingefügt und vom Plenum des Reichstages in 2. Lesung ohne Erörterung angenommen. KomBer. S. 137, 139; StenBer. S. 4589 D.

b) In der Kommission und bei der 2. Lesung im Plenum des Reichstages war der Antrag gestellt worden, eine weitergehende Ausnahme von der Vorschrift des § 3 zu schaffen durch Hinzufügung nachstehender Bestimmung zum Abs. 1 des § 3: „Vereine, welche diese Einwirkung nur im Rahmen der Berufs- und Standesinteressen bestimmter Personenkreise bezwecken, gelten nicht als politische Vereine."

Der Antrag wurde aber abgelehnt. KomBer. S. 137, 138; StenBer. S. 4582 C, 4588 D, 4589 A.

2. Nur die in § 4 angeführten, vorübergehend zu dem angegebenen Zwecke zusammentretenden Personenmehrheiten (Wahlvereine) sind demnach vom Tage der

amtlichen Bekanntmachung des Wahltages bis zur Beendigung der Wahlhandlung von den für politische Vereine in § 3 festgesetzten besonderen Verpflichtungen befreit. Der in der Kommission gestellte Antrag, die zeitliche Beschränkung zu streichen, wurde abgelehnt. KomBer. S. 140, 141.

§ 5.

Wer eine öffentliche Versammlung zur Erörterung politischer Angelegenheiten (politische Versammlung) veranstalten will, hat hiervon mindestens vierundzwanzig Stunden vor dem Beginne der Versammlung unter Angabe des Ortes und der Zeit bei der Polizeibehörde Anzeige zu erstatten. Über die Anzeige ist von der Polizeibehörde sofort eine kostenfreie Bescheinigung zu erteilen.

1. § 5 handelt von der Verpflichtung zur Anzeige bestimmter Versammlungen. Er entspricht dem § 3 des Entwurfs, doch wurde dieser in mehreren Punkten abgeändert (s. Anm. 4).

In der Begründung des Entwurfs ist über die Anzeigepflicht ausgeführt (S. 29): Bei den Vorschriften über die Ausübung des Versammlungsrechts ist dem Grundsatze Rechnung getragen, daß unbeschadet der Versammlungsfreiheit doch gegen deren mißbräuchliche Benutzung den Behörden die Möglichkeit des Einschreitens gewahrt bleiben muß. Indessen scheiden von vornherein aus die privaten Versammlungen von beschränkter Teilnehmerzahl und die Erörterung privater Interessen, rein wissenschaftlicher Streitfragen und dergleichen, selbst wenn sie öffentlich erfolgt. Der Entwurf folgt daher der Mehrzahl der geltenden Gesetze, indem er seine Einwirkung auf die öffentlichen Versammlungen, in denen öffentliche Angelegenheiten (im Gesetz geändert, s. Anm. 4) erörtert werden sollen, beschränkt und daneben nur noch öffentliche Versammlungen unter freiem Himmel und Aufzüge auf öffentlichen Straßen und Plätzen der behördlichen Regelung unterstellt. Ausgenommen sind, auch wenn sie sich mit öffentlichen Angelegenheiten beschäftigen, die durch das Gesetz oder die zuständigen Behörden angeordneten Versammlungen.

Die Verpflichtung zur Einholung der Genehmigung für Versammlungen in geschlossenen Räumen, die sich in dem geltenden Rechte vereinzelt findet, ist weggefallen. Dagegen wird an dem Grundsatze festgehalten, daß die Polizeibehörde von der Abhaltung öffentlicher Versammlungen, in denen öffentliche Angelegenheiten (im Gesetz geändert, s. Anm. 4) erörtert werden sollen, Kenntnis haben muß, nicht nur, um gegebenenfalls von dem ihr zustehenden Ueberwachungsrechte Gebrauch machen, sondern auch um, wo es nötig wird, diejenigen Maßnahmen rechtzeitig vorbereiten zu können, welche der ihr anvertraute Schutz des öffentlichen Verkehrs, des Gesundheitswesens usw. gegenüber dem Zusammenströmen größerer Menschenmassen erfordert.

2. Nach dem Gesetz sind keineswegs alle Versammlungen anzeigepflichtig. Die gesetzliche Anzeigepflicht beschränkt sich vielmehr auf öffentliche politische, d. h. der Erörterung politischer Angelegenheiten dienende Versammlungen. Ausgenommen von der Anzeigepflicht sind hiernach zunächst alle nicht öffentlichen Versammlungen. „Da sich das ganze Gesetz überhaupt nur auf öffentliche Versammlungen bezieht, so gilt auch nur für diese die Anzeigepflicht" (Staatssekretär des Innern bei der Kommissionsberatung. KomBer. S. 53). Ausgeschlossen von der Anzeigepflicht sind ferner öffentliche nicht politische Versammlungen.

3. a) Das Gesetz hat davon abgesehen, über den Begriff der „öffentlichen Versammlung“ eine Bestimmung zu geben. Die Feststellung dieses Begriffes soll der Wissenschaft und der Rechtsprechung (der ordentlichen Gerichte und der Verwaltungsgerichte) überlassen bleiben. In der Kommission war von einer Seite beantragt worden, statt „öffentliche Versammlung“ zu setzen: „Volksversammlung, zu der jeder Beliebige Zutritt hat“. Der Antrag wurde abgelehnt. KomBer. S. 51, 54, 64.

In der Begründung des Entwurfes ist zu dem Begriff „öffentliche Versammlung“ ausgeführt (S. 30):

Unter „öffentlichen“ Versammlungen will der Entwurf nicht nur diejenigen verstanden wissen, welche als solche veranstaltet werden, sondern im Gegensatze zu den eigentlichen geschlossenen Versammlungen entsprechend der geltenden Rechtsprechung insbesondere auch die Versammlungen solcher Vereine, „die nach der räumlichen Ausdehnung des Gebiets, das sie umfassen, wie nach der Zahl ihrer Mitglieder so groß sind, deren Organisation eine so lose, bei denen der Erwerb und Verlust der Mitgliedschaft an so geringe Voraussetzung gebunden und so wechselnd ist, daß von ihnen nicht gesagt werden kann, ihre Mitglieder bilden einen in sich geschlossenen, bestimmt abgegrenzten Kreis von innerlich unter sich verbundenen Personen“ (Entsch. des Reichsgerichts in Strafs. 21 S. 256). Für die rechtliche Beurteilung macht es daher keinen Unterschied, ob eine Versammlung eine Vereinsversammlung ist oder nicht. Vielmehr ist auch eine Vereinszusammenkunft, wenn sie die Merkmale einer öffentlichen Versammlung an sich trägt, als solche zu behandeln.

Auch der Ort der Abhaltung ist für die Beurteilung nicht entscheidend. Eine öffentliche Versammlung kann insbesondere auch in einer Privatwohnung stattfinden. Ist in diesem Falle eine Erörterung öffentlicher Angelegenheiten vorgesehen, so sind auch hier die Voraussetzungen für die Anzeigepflicht und für die versammlungsrechtliche Ueberwachung durch die Polizei (§ 8 des Entwurfs, Gesetz § 13) gegeben.

b) Wegen des Begriffes „Versammlungen" siehe § 1 Anm. 9a und b.

Oeffentliche Versammlungen sind solche, welche nicht nur bestimmten Personen, sondern jedermann die Teilnahme gestatten, sei es auch, daß die Aufforderung zur Teilnahme nur an einen engeren Kreis z. B. die Arbeiter oder die Bürger gerichtet worden ist. Jolly in Stengel, Wörterbuch des deutschen Verwaltungsrechts Bd. 2 S. 666. Das Reichsgericht hat sich über den Begriff der öffentlichen Versammlung in einer Entscheidung (Bd. 21 S. 418) folgendermaßen ausgelassen: „Unter einer öffentlichen Versammlung muß jede Versammlung verstanden werden, zu welcher der Zutritt nicht auf vorher namentlich oder sonst individuell bezeichnete Personen beschränkt, sondern, sei es auch unter Erfüllung gewisser Bedingungen, jedem gestattet ist, gleichviel übrigens, ob die Aufforderung zur Teilnahme gleich von vornherein eine allgemeine oder ob die ursprüngliche Beschränkung auf bestimmte Personen tatsächlich bei Abhaltung der Versammlung aufgegeben worden ist, und gleichviel, ob die Versammlung in der Einladung ausdrücklich als eine öffentliche bezeichnet war oder nicht."

Reine Vereinsversammlungen sind keine öffentlichen Versammlungen und fallen daher nicht unter § 5. KomBer. S. 53.

Zu den Ausführungen der Begründung über die Vereinsversammlungen (s. Anm. 8a) bemerkte der Staatssekretär des Innern bei der Kommissionsberatung erläuternd: Wenn in der Begründung gesagt sei, daß eine äußerlich in den Formen einer Vereinsversammlung sich abspielende Versammlung dennoch eine öffentliche sein könne, so habe damit keineswegs die Polizei darauf hingewiesen werden sollen, daß sie auf Umwegen Vereinsversammlungen den von dem Entwurfe für öffentliche Versammlungen gegebenen Vorschriften unterstelle. Es werde damit in Anlehnung an höchstgerichtliche Entscheidungen nur gesagt, daß Fälle möglich seien, in denen eine als Vereinsversammlung veranstaltete Versammlung zu einer öffentlichen werden könne. Die Hervorhebung der Merkmale bedeute auch einen Hinweis darauf, daß aus unwesentlichen Umständen, wie der Abhaltung der Veranstaltung in einem öffentlichen Lokal oder der Erhebung eines Eintrittsgeldes, nicht gefolgert werden dürfe, daß es sich um eine öffentliche Versammlung handele. KomBer. S. 55.

Zu dem Begriff der öffentlichen Versammlung führte der Staatssekretär auf Anfrage in der Kommission noch aus: Wenn ein bestimmter Kreis von Personen (z. B. sämtliche Stadtverordnete der Rheinprovinz) zur Beratung zusammentrete, so sei das keine öffentliche Versammlung. Ob die Versammlung zur öffentlichen werde, wenn dritte, außerhalb des bestimmten Personenkreises stehende Personen zugezogen werden, sei eine Tatfrage, die im Gesetze nicht gelöst werden könne. Versammlungen individuell bestimmter Personenkreise würden nach dem Reichsvereinsgesetze nicht als öffentliche behandelt werden können. KomBer. S. 102. Und im Anschluß daran erklärte er weiter (KomBer. S. 104), daß man nach seiner Meinung von der Veranstaltung einer öffentlichen Versammlung nicht sprechen könne, wenn der Kreis der teilnehmenden Personen ein so abgegrenzter und individuell bestimmter sei, wie es bei einer Zusammenkunft der Bürgermeister oder der Stadtverordneten etwa einer Provinz oder einer bestimmten Art von Städten der Fall sei.

4. Auch bezüglich der öffentlichen Versammlungen war, wie im § 3 des Gesetzes bezüglich der Vereine, anstatt „zur Erörterung politischer Angelegenheiten" im Entwurf gesagt worden: „zur Erörterung öffentlicher Angelegenheiten". Die Kommission setzte auch hier an die Stelle des Begriffs der öffentlichen Angelegenheiten den Begriff der politischen Angelegenheiten. KomBer. S. 139, 141. Wegen des Begriffes „politische Angelegenheiten" s. § 3 Anm. 2a und b.

5. Der Begriff der „Erörterung" wird im Gesetze selbst nicht bestimmt. Das Reichsgericht läßt sich über diesen Begriff folgendermaßen aus (Entsch. Bd. 38 S. 185): „Der Begriff des Erörterns" erfordert die Untersuchung, Auseinandersetzung, Auseinanderlegung einer Sache nach ihrem Grund und Wesen. Dabei ist es allerdings nicht nötig, die Gründe für und wider zu entwickeln. Es genügt vielmehr auch eine einseitige Beleuchtung. Die äußere Form, in welcher die „Erörterung" zum Vortrag gelangt, ist ohne Bedeutung, so daß auch die Form einer gesanglichen oder szenischen Vorführung grundsätzlich nicht ausgeschlossen erscheint; immerhin aber muß der Inhalt des Vortrages derart sein, daß eine öffentliche Angelegenheit zum Gegenstand prinzipieller sachlicher Besprechung gemacht wird, um damit auf das Verständnis der Hörer einzuwirken oder eine Klärung streitiger Fragen herbeizuführen. Dies wird bei humoristischen Vorträgen, die in erster Linie dem Zwecke der Unterhaltung und Erheiterung dienen sollen, der Regel nach nicht zutreffen, auch wenn sie ihre Spitze gegen bestehende staatliche oder gesellschaftliche Zustände richten." Ebenso Entscheid. des Preuß. Oberverwaltungsgerichts v. 16. 10. 00 in Goltdammers Archiv f. Strafr. Bd. 47 S. 471. S. auch § 14 Anm. 14b.

6. a) Die Anzeige ist zu erstatten von dem Veranstalter der Versammlung. Das Gesetz sagt: „Wer

.... veranstalten will, hat Anzeige zu erstatten." Anzeigen anderer Personen sind wirkungslos.

b) Ueber die Form der Anzeige hat das Gesetz keine Vorschriften gegeben; die Anzeige kann daher sowohl mündlich wie schriftlich, auch telegraphisch geschehen. Sie hat regelmäßig in deutscher Sprache zu erfolgen.

c) Die Anzeige muß so rechtzeitig erstattet sein, daß sie mindestens 24 Stunden vor Beginn der Versammlung bei der Polizeibehörde eingegangen ist.

d) Die Anzeige muß enthalten die Angabe, daß es sich um Veranstaltung einer öffentlichen Versammlung zur Erörterung politischer Angelegenheiten handelt („hat hiervon Anzeige zu erstatten") und ferner die Angabe des Ortes und der Zeit der Versammlung. Weitere Angaben braucht die Anzeige nicht zu enthalten, insbesondere braucht der einzelne Gegenstand der Verhandlung nicht angegeben zu werden; es genügt die allgemeine Anzeige, es werde eine öffentliche Versammlung zur Erörterung politischer Angelegenheiten stattfinden. Caspar S. 69, Groschuff § 1 Anm. 7. Der Ort muß so bestimmt angegeben werden, daß die Polizei prüfen kann, ob der für die Abhaltung der Versammlung gewählte Raum den Erfordernissen der öffentlichen Sicherheit und Ordnung genügt. Friedenthal S. 67, Groschuff a. a. O. Die Veranstaltung der Versammlung an einem anderen als dem angezeigten Orte steht der Veranstaltung ohne Anzeige gleich.

Bezüglich der Zeit ist nur der Zeitpunkt des Beginnes der Versammlung anzugeben, nicht auch ihr Ende.

e) Die Anzeige ist bei der Polizeibehörde zu erstatten, und zwar bei derjenigen, in deren Bezirk die Versammlung stattfinden soll.

„Polizeibehörde" ist nicht gleichbedeutend mit „Ortsbehörde". Ist die Ortsbehörde nicht auch zugleich die Polizeibehörde, so würde durch eine bei jener angebrachten Anzeige den gesetzlichen Erfordernissen nicht genügt sein. In der Kommission war beantragt, das Wort „Polizeibehörde" zu ersetzen durch „Ortsbehörde" und dies folgendermaßen begründet worden (KomBer. S. 52, 62):

In Preußen decke sich der Begriff der Polizeibehörde nicht mit dem der Ortsbehörde. Nicht in jedem Ort gebe es einen Amtsvorsteher. Die Anmeldung bei der Ortsbehörde müsse genügen. Wenn auch nach dem Entwurf die Unterlassung der Anmeldung kein Auflösungsgrund mehr sein werde, so solle die Unterlassung doch strafbar sein. Gegen den Antrag wurde eingewendet, daß er nicht für alle Bundesstaaten passe, z. B. nicht für Baden. Wenn der Antrag Gesetz werde, müßten die badischen Bürgermeister, die die Ortsbehörde seien, den Antrag erst an die Polizeibehörde weitergeben. Deshalb sei es richtig, die Anmeldung, wenn überhaupt, gleich an die Polizeibehörde erstatten zu lassen.

Auch von anderer Seite wurde diesem Bedenken beigepflichtet mit dem Bemerken, daß, wenn die Anmeldung nur an die Ortsbehörde zu erfolgen habe, das ganze Ueberwachungsrecht der Polizeibehörden illusorisch werde. Der Staatssekretär des Innern führte aus:

Der Antrag werde den bestehenden Verhältnissen nicht gerecht. Die Ortsbehörde habe mit den Versammlungen an sich nichts zu tun. Sie müßte also die bei ihr eingehende Anmeldung erst weitergeben, dadurch werde nur das Schreibwerk vermehrt, daher werde die Anmeldung besser direkt an die Polizei gerichtet. Daß in einzelnen Fällen Schwierigkeiten entstanden seien, denen der Antrag offenbar vorbeugen solle, sei der Regierung bekannt. Allein da, wie die Antragsteller selbst richtig anführen, die Unterlassung der Anmeldung kein Auflösungsgrund mehr sei, bitte er den Antrag abzulehnen. Der Antrag wurde daraufhin zurückgezogen. KomBer. S. 63.

7. a) Die Erteilung der Bescheinigung über die erfolgte Anzeige hat seitens der Polizeibehörde von Amts wegen zu erfolgen; eines Antrages seitens des Anzeigenden bedarf es nicht.

b) Die Bescheinigung muß „sofort" erteilt werden. An bestimmte Dienststunden ist die Erteilung nicht gebunden; sie muß ausgestellt werden, sobald der Beamte von dem Veranstalter angetroffen wird, auch an Sonn- und Feiertagen. Caspar S. 49, Friedenthal S. 68, Groschuff § 1 Anm. 8. Liegt zwischen dem Augenblick der Erstattung der Anzeige und dem Beginne der Versammlung ein Zeitraum von weniger als vierundzwanzig Stunden, so ist die Bescheinigung zu verweigern. Caspar a. a. O.

8. a) Die Unterlassung der vorgeschriebenen Anzeige (oder Bekanntmachung § 6) bildet keinen Grund zur Auflösung der Versammlung (s. § 14 Anm. 1b u. 11), diese kann vielmehr trotz nichterfolgter Anzeige oder Bekanntmachung stattfinden. Bei der Kommissionsberatung hob der Staatssekretär des Innern ausdrücklich hervor, daß die nicht rite erfolgte Anzeige einer Versammlung kein Auflösungsgrund sei; die Anzeige sei im wesentlichen deswegen vorgeschrieben, damit die Polizeibehörde von der bevorstehenden Ansammlung von Menschen Kenntnis erhalte und alsdann die nötigen Maßregeln, z. B. im Interesse des Verkehrs, treffen könne. Allerdings solle die Polizei durch die Anzeige auch in den Stand gesetzt werden, ihre Organe in die Versammlungen zu schicken. Letzteres sei aber nicht der gesetzgeberische Hauptgrund für die Anzeige. KomBer. S. 53.

b) Nach § 18 Nr. 2 wird aber mit Geldstrafe von 1 Mark bis zu 150 Mark, im Zahlungsunvermögensfalle mit Haft bestraft, wer eine Versammlung ohne die durch §§ 5, 6, 7, 8 und 9 dieses Gesetzes vorgeschriebene

Anzeige oder Bekanntmachung veranstaltet oder leitet. S. § 18 Anm. 5.

Wegen der Folgen der Nichtanzeige einer Versammlung, in der die Verhandlungen in einer nichtdeutschen Sprache geführt werden (§ 12 Abs. 3), s. § 14 Nr. 1, § 19 Nr. 3.

§ 6.

Einer Anzeige bedarf es nicht für Versammlungen, die öffentlich bekannt gemacht worden sind; die Erfordernisse der Bekanntmachung bestimmt die Landeszentralbehörde.

Einer Anzeige bedarf es ferner nicht für Versammlungen der Wahlberechtigten zum Betriebe der Wahlen zu den auf Gesetz oder Anordnung von Behörden beruhenden öffentlichen Körperschaften vom Tage der amtlichen Bekanntmachung des Wahltags bis zur Beendigung der Wahlhandlung.

Das Gleiche gilt für Versammlungen der Gewerbetreibenden, gewerblichen Gehilfen, Gesellen, Fabrikarbeiter, Besitzer und Arbeiter von Bergwerken, Salinen, Aufbereitungsanstalten und unterirdisch betriebenen Brüchen und Gruben zur Erörterung von Verabredungen und Vereinigungen zum Behufe der Erlangung günstiger Lohn- und Arbeitsbedingungen, insbesondere mittels Einstellung der Arbeit oder Entlassung der Arbeiter.

1. § 6 behandelt die Ausnahmen von der in § 5 aufgestellten Anzeigepflicht. Die Vorschriften des § 6 befanden sich nicht im Entwurfe, sie sind von der

Kommission in 1. und 2. Lesung eingefügt worden. KomBer. S. 52, 53, 60, 139, 140, 141.

2. Ueber die Erfordernisse der öffentlichen Bekanntmachung äußerte sich der Staatssekretär des Innern bei der 2. Lesung des Entwurfs im Plenum des Reichstags auf Anfrage eines Abgeordneten folgendermaßen: Bei dem Ersatz der Anzeige von Versammlungen durch öffentliche Bekanntmachung muß diese Bekanntmachung selbstverständlich so gestaltet werden, daß die Polizei bei vernünftiger Aufmerksamkeit rechtzeitig die nötige Kenntnis von dem Stattfinden der Versammlung erlangen kann. Erfordernisse, welche über die Erreichung dieses Zweckes hinausgehen, sollen an die Form der öffentlichen Bekanntmachung nicht geknüpft werden. Darum liegt es insonderheit nicht im Sinne des Entwurfs, daß etwa lediglich amtliche Publikationsorgane als geeignet angesehen werden und, ebensowenig darf die politische Richtung einer Zeitung dafür maßgebend sein, ob sie als geeignet anerkannt wird, eine öffentliche Bekanntmachung aufzunehmen, die die Anzeige ersetzen soll. StenBer. S. 4603. In gleichem Sinne hatte sich der Staatssekretär auch bei der Kommissionsberatung ausgesprochen. KomBer. S. 60.

3. **Zu Abs. 2.**

a) Zu den in Abs. 2 bezeichneten „Wahlen" gehören nicht bloß die Hauptwahlen, sondern ebenso die nach diesen etwa erforderlich werdenden Stichwahlen (engere Wahlen).

b) Die in Abs. 2 angeführten Wahlversammlungen sind von der Anzeigepflicht ausgenommen nur für die Zeit „vom Tage der amtlichen Bekanntmachung des Wahltages bis zur Beendigung der Wahlhandlung". Der in der Kommission gestellte Antrag, die diese Zeitbeschränkung enthaltenden Worte zu streichen, wurde abgelehnt. KomBer. S. 140, 141.

§ 7.

Öffentliche Versammlungen unter freiem Himmel und Aufzüge auf öffentlichen Straßen oder Plätzen bedürfen der Genehmigung der Polizeibehörde.

Die Genehmigung ist von dem Veranstalter mindestens vierundzwanzig Stunden vor dem Beginne der Versammlung oder des Aufzugs unter Angabe des Ortes und der Zeit nachzusuchen. Sie ist schriftlich zu erteilen und darf nur versagt werden, wenn aus der Abhaltung der Versammlung oder der Veranstaltung des Aufzugs Gefahr für die öffentliche Sicherheit zu befürchten ist. Im Falle der Verweigerung ist dem Veranstalter sofort ein kostenfreier Bescheid mit Angabe der Gründe zu erteilen.

§ 7 bildete im Entwurf den § 4.

1. Nach dem Gesetze nehmen unter den öffentlichen Versammlungen eine Sonderstellung die öffentlichen Versammlungen unter freiem Himmel und Aufzüge auf öffentlichen Straßen oder Plätzen. Bei diesen genügt nicht die bloße Anzeige von der beabsichtigten Veranstaltung, sie bedürfen vielmehr der ausdrücklichen vorherigen polizeilichen Genehmigung. In der Begründung des Entwurfes heißt es hierzu: Durch die Möglichkeit des Zusammenströmens unbegrenzter Menschenmengen bei öffentlichen Versammlungen unter freiem Himmel kann in besonderem Maße eine Gefährdung der öffentlichen Ordnung und Sicherheit hervorgerufen werden. Der Behörde, der die Verantwortung für die Aufrechterhaltung der öffentlichen Ordnung obliegt, muß daher die Befugnis gewahrt bleiben, in jedem einzelnen

Falle zu prüfen, ob derartige Versammlungen geeignet sind, in der angedeuteten Richtung zu Bedenken Anlaß zu geben. Eine Beeinträchtigung der Versammlungsfreiheit ist hierin um so weniger zu erblicken, als für die Beurteilung solcher Veranstaltungen wesentlich Umstände in Betracht kommen, die nicht allein auf dem Gebiete des Versammlungsrechts liegen, sondern in Verhältnisse übergreifen, bei denen auch zum Schutze des unbeteiligten Publikums vorbeugende Maßnahmen nicht entbehrt werden können. Der Entwurf schließt sich daher denjenigen Vorschriften des geltenden Rechtes (auch § 17 des Wahlgesetzes für den Deutschen Reichstag spricht nur von Versammlungen in geschlossenen Räumen) an, welche für alle öffentlichen Versammlungen unter freiem Himmel die vorgängige Genehmigung der Polizeibehörde verlangen. Zu Versammlungen im weiteren Sinne sind auch Aufzüge zu rechnen. Der Umstand, daß sich auch bei ihnen eine Menschenmenge ansammeln kann, die, sofern sie öffentliche Straßen und Plätze für sich in Anspruch nimmt, zu den nämlichen Gefahren für die öffentliche Ordnung Anlaß geben kann, wie Versammlungen unter freiem Himmel, rechtfertigt ihre in dem Entwurfe vorgesehene Gleichstellung mit diesen. (Begr. S. 31.)

Das in einzelnen Landesgesetzen ausgesprochene allgemeine Verbot von Versammlungen unter freiem Himmel ist fallen gelassen.

2. Zu betonen ist zunächst, daß die Vorschrift des § 7 nur auf öffentliche Versammlungen und die ihnen gleichgestellten Aufzüge auf öffentlichen Straßen oder Plätzen Anwendung findet.

a) Wegen des Begriffes „öffentliche Versammlung" s. § 5 Anm. 3a und b. Das Erfordernis der polizeilichen Genehmigung für öffentliche Versammlungen unter freiem Himmel erstreckt sich allgemein auf alle öffentlichen Versammlungen, unabhängig davon, ob sie zur Erörterung politischer Angelegenheiten veranstaltet werden (§ 5) oder anderen Zwecken dienen sollen. „Ein Anlaß, aus den zur Erörterung bestimmten Angelegenheiten einen Grund für eine verschiedene Behandlung herzuleiten, wie es bei den in geschlossenen Räumen stattfindenden Versammlungen geschieht, liegt nicht vor, da bei Versammlungen unter freiem Himmel schon die Möglichkeit einer größeren Ansammlung von Menschen die Polizeibehörde nötigt, einer derartigen Veranstaltung ihre besondere Aufmerksamkeit zuzuwenden." (Begründung S. 31.)

Auch Wahlversammlungen unter freiem Himmel bedürfen hiernach der Genehmigung.

b) „Unter freiem Himmel" ist wörtlich zu verstehen, es gehört dazu, daß der Versammlungsraum nach oben hin ungedeckt, unbedacht sei. Die Umgrenzung, Ummauerung eines unbedachten Versammlungsplatzes nach Länge und Breite nimmt ihm noch keineswegs den Charakter eines Versammlungsraumes „unter freiem Himmel". Auch Versammlungen in einem im übrigen abgeschlossenen Garten, zu dem der Zutritt jedermann gestattet ist, sind als öffentliche Versammlungen unter freiem Himmel anzusehen. Rechtspr. d. RG. in Strafs. Bd. 4 S. 425. Dagegen ist eine Versammlung in einer mit einem Dache versehenen, nach der Vorderseite offenen Halle nicht eine Versammlung „unter freiem Himmel". Entsch. d. Preuß. Kammerger. vom 23. April 1896, Groschuff S. 69.

Wann eine Versammlung, die zunächst in geschlossenen Räumen stattfindet, zu einer „Versammlung unter freiem Himmel" (d. h. bei unbedachtem Versammlungsraum) wird, ist eine rein tatsächliche Frage. Entsch. d. Preuß. ObVerwGer. v. 24. Januar 1905 in Goltdammers Archiv Bd. 52 S. 409. Hervorzuheben ist hierbei aber, daß nach der ausdrücklichen Bestimmung in § 8 des Gesetzes eine in einem geschlossenen Raume veranstaltete

Versammlung nicht schon deshalb als Versammlung unter freiem Himmel anzusehen ist, weil außerhalb des Versammlungsraumes befindliche Personen an der Erörterung teilnehmen oder weil die Versammlung in einen mit dem Versammlungsraum zusammenhängenden umfriedeten Hof oder Garten verlegt wird. Vgl. hierzu die Ausführungen zu § 8.

3. Den öffentlichen Versammlungen unter freiem Himmel stehen gleich „Aufzüge auf öffentlichen Straßen oder Plätzen".

a) Ein „Aufzug" liegt vor, wenn eine zu einem bestimmten Zweck vereinigte Menschenmenge in einer Weise, welche die Aufmerksamkeit des Publikums zu erregen und die öffentliche Ordnung, insbesondere den Verkehr, zu gefährden geeignet ist, sich über öffentliche Straßen oder Plätze hinweg bewegt. Entsch. d. Preuß. Obertribunals v. 12. September 1877 in Goltdammers Archiv Bd. 25 S. 640, Entsch. d. Preuß. Kammerger. v. 21. November 1892, v. 5. Juni 1893, v. 25. Februar 1895. Groschuff S. 69; v. Kamptz und Delius S. 47; Friedenthal S. 105. Zu welchem Zweck der Aufzug stattfindet, ist gleichgültig. Auch kommt es nicht darauf an, ob die Teilnehmer des Aufzuges gehen oder sich anderer Bewegungsmittel (Wagen, Pferde, Fahrräder, Automobile, Kähne, Dampfschiffe usw.) bedienen. Groschuff S. 70, v. Kamptz und Delius S. 48, Friedenthal S. 106, Petri S. 88.

b) „Oeffentliche Straßen und Plätze" sind solche, deren Benutzung jedermann freisteht. „Oeffentlichkeit der Straße oder des Platzes liegt dann vor, wenn der Ort zum konkreten Zeitpunkte tatsächlich dem allgemeinen Verkehre, dem Gebrauche des Publikums freigegeben und diesem allgemein zugänglich war." Entsch. d. RG. Bd. 21 S. 371. In wessen Eigentum sich der Grund und Boden befindet, ist unerheblich. Entsch. des Preuß. Kammerger. v. 21. April 1898, Deutsche

5*

Jur.-Ztg. 1898 S. 434. Auch wenn sie im Privateigentum stehen, rechnen sie zu den öffentlichen, sofern sie nur der Allgemeinheit zum Gebrauche überlassen sind. Auch öffentliche Fußwege gehören zu den öffentlichen Straßen. Caspar S. 94, Friedenthal S. 107. Wasserstraßen fallen an sich nicht unter den Begriff der „öffentlichen Straßen"; s. auch StrGB. § 243 Nr. 4, § 250 Nr. 3, § 366 Nr. 3, 8, 9 und 10, wo neben den „öffentlichen Straßen" die „Wasserstraßen" besonders hervorgehoben sind. Nach einem Urteile des Preuß. Kammergerichts v. 27. August 1893 stehen aber Aufzüge auf Wasserstraßen den Aufzügen auf öffentlichen Straßen im Sinne des Vereinsgesetzes gleich, wenn die Aufzüge auf dem Wasser in einer Stadt oder Ortschaft stattfinden. Demgemäß ist angenommen, daß „eine Kahnfahrt auf der Saale mit Musikbegleitung innerhalb des Weichbildes der Stadt Weißenfels" als Aufzug der polizeilichen Genehmigung bedürfe. Groschuff S. 70.

4. Für die genannten öffentlichen Versammlungen und Aufzüge genügt die bloße Anzeige, Anmeldung nicht; vielmehr ist zu ihrer Abhaltung vorher die polizeiliche Genehmigung, Erlaubnis nachzusuchen. Der Genehmigung bedürfen regelmäßig alle in Abs. 1 bezeichneten Versammlungen und Aufzüge. Wegen der Ausnahmen s. § 9.

Zu den „Aufzügen" gehören auch kirchliche Prozessionen, Wallfahrten und Bittgänge. Sie bedürfen also nach dem Reichsvereinsgesetz, weil sie in der Ausnahmevorschrift des § 9 Abs. 2 nicht aufgeführt sind, an sich der Genehmigung der Polizeibehörde. Wo sie aber nach Landesrecht der Genehmigung bisher nicht bedürfen, bleibt dieser Zustand auch fernerhin bestehen, da nach § 24 die diesbezüglichen landesgesetzlichen Vorschriften ausdrücklich aufrecht erhalten sind.

Zu Abs. 2.

5. a) Die Genehmigung ist nachzusuchen vom „Veranstalter" der Versammlung oder des Aufzuges. Nachsuchung durch einen anderen gestattet das Gesetz nicht. Sie würde keinesfalls die Polizeibehörde verpflichten, die Genehmigung zu erteilen. „Veranstalten" heißt: Maßregeln treffen, die bestimmt und geeignet sind, die Abhaltung der Versammlung oder des Aufzuges zu ermöglichen.

b) Die Genehmigung kann mündlich oder schriftlich nachgesucht werden. Bei Einholung der Genehmigung sind Ort und Zeit der Versammlung oder des Aufzuges anzugeben. Weiterer Angaben, insbesondere des Zweckes der Veranstaltung, der Zahl der Teilnehmer oder dgl., bedarf es nicht.

c) Die Genehmigung ist nachzusuchen bei derjenigen Polizeibehörde, die zuständig ist für den Ort, an dem die Versammlung oder der Aufzug veranstaltet wird. Führt der Aufzug durch mehrere Ortschaften, so bedarf es an sich der Genehmigung der Polizeibehörden einer jeden beteiligten Ortschaft. Die Landeszentralbehörde kann aber Ausnahmebestimmungen erlassen. S. § 9 Abs. 2.

6. a) Die Genehmigung ist schriftlich zu erteilen, mündliche genügt nicht.

Die Genehmigung kann auch allgemein ein für allemal oder bis auf weiteres schriftlich erteilt werden. Das hat namentlich Bedeutung für Vereine, Verbindungen (Kriegervereine, Schützengilden usw.). Die Genehmigung ist aber jederzeit widerruflich. Entsch. d. Preuß. Kammerger. v. 24. Febr. 1902, Groschuff S. 69, v. Kamptz u. Delius S. 47.

b) Die Entscheidung über die Erteilung der Genehmigung ist vom Gesetze nicht dem willkürlichen Ermessen der Polizeibehörde überlassen worden. Die Genehmigung darf vielmehr nur dann versagt werden, wenn aus der Abhaltung der Versammlung oder der Veranstaltung des Aufzugs Gefahr für die öffentliche Sicherheit zu befürchten ist. Liegt diese Voraussetzung nicht vor, so muß nach dem Vereinsgesetz die Genehmigung erteilt werden.

Nach dem Entwurf sollte auch die Befürchtung einer Gefahr für die öffentliche Ordnung zur Versagung der Genehmigung berechtigen. Diese Bestimmung wurde aber von der Kommission gestrichen. KomBer. S. 141, 142.

c) Wird die Genehmigung verweigert, so ist dem Veranstalter sofort ein kostenfreier Bescheid mit Angabe der Gründe von Amts wegen zu erteilen. Eines Antrages bedarf es nicht. Gegen die Verweigerung der Genehmigung hat das Vereinsgesetz kein Rechtsmittel gegeben; es kommen die Vorschriften der Landesgesetze über die Anfechtung polizeilicher Verfügungen zur Anwendung.

7. a) Oeffentliche Versammlungen unter freiem Himmel und Aufzüge auf öffentlichen Straßen und Plätzen, die ohne die vorgeschriebene polizeiliche Genehmigung stattfinden, können aufgelöst werden. § 14 Nr. 2.

b) Außerdem sind Veranstalter und Leiter solcher Versammlungen und Aufzüge strafbar nach § 18 Nr. 2, § 19 Nr. 1. S. dort.

§ 8.

Eine Versammlung, die in einem geschlossenen Raume veranstaltet wird, ist nicht schon deshalb als Versammlung unter freiem Himmel anzusehen, weil außerhalb des Versammlungsraums befindliche Personen an der Erörterung teilnehmen, oder weil die Versammlung in einen mit dem Versammlungsraume zusammenhängenden umfriedeten Hof oder Garten verlegt wird.

1. Die Vorschrift des § 8 befand sich nicht im Entwurfe; sie ist von der Kommission eingefügt worden. KomBer. S. 141, 142.

Bei der ersten Kommissionslesung hatte ein Mitglied der Kommission zu § 4 des Entwurfes (im Gesetz § 7) die Anfrage gestellt, ob es als Veranstaltung einer öffentlichen Versammlung unter freiem Himmel anzusehen sein würde, wenn die Teilnehmer einer in einem geschlossenen Raume tagenden Versammlung sich im Laufe der Verhandlungen in einen hinter dem Versammlungslokal liegenden umfriedeten Raum begeben, um dort weiter zu beraten. Der Staatssekretär des Innern erklärte darauf, daß nach seiner persönlichen Auffassung man es kaum als Veranstaltung einer öffentlichen Versammlung unter freiem Himmel im eigentlichen Sinne betrachten könne, wenn eine Versammlung, die in einen geschlossenen Raum berufen und dort zusammengetreten sei, ihre Verhandlungen in einen anschließenden, dazu gehörenden Hof oder Garten verlege, wenn dieser nach außen abgeschlossen sei. KomBer. S. 71. Darauf wurde von anderer Seite erwidert: die Praxis werde sich an solche Erklärungen nicht kehren. Das preußische Oberverwaltungsgericht 1. Senat habe in einem Urteil vom 24. Januar 1905 die Entscheidung gefällt, daß der Charakter der Versammlung in geschlossenen Räumen sofort verloren gehe, wenn auch nur eine außerhalb des Versammlungsraumes befindliche Person sich aktiv an den Erörterungen der Versammlung beteilige; befinde sich der Redner zwar in dem Raum, spreche er aber durch eine Oeffnung nach außen hin und seien die Teilnehmer im wesentlichen außerhalb des Raumes versammelt, so liege eine Versammlung unter freiem Himmel vor. Gegenüber einer derartigen

Judikatur genügten Erklärungen der Regierung nicht. KomBer. S. 72.

Die Kommission beschloß darauf zunächst einstimmig die Aufnahme folgender Bestimmung (KomBer. S. 66, 73):

„Oeffentliche Versammlungen in einem mit dem Versammlungslokal zusammenhängenden eingefriedigten Hof oder Garten gelten nicht als öffentliche Versammlungen unter freiem Himmel."

In der zweiten Kommissionslesung wurde dann die jetzige Fassung angenommen. KomBer. S. 141, 142.

2. Für die Auslegung des § 8 ist von Bedeutung die Erklärung, welche der Staatssekretär des Innern in der Kommission bei der 2. Lesung abgab (KomBer. S. 142):

„Als Veranstaltung einer Versammlung unter freiem Himmel im eigentlichen Sinne wird es nicht anzusehen sein, wenn sich an einer in einem geschlossenen Raume abgehaltenen Versammlung einige außerhalb dieses Raumes befindliche Personen beteiligen oder wenn eine Versammlung, die in einen geschlossenen Raum berufen und dort zusammengetreten ist, ihre Verhandlungen in einen damit zusammenhängenden, nach außen abgeschlossenen Hof oder Garten verlegt. Dagegen kann die Vorschrift des § 4a (im Gesetz § 8) selbstverständlich dann keine Anwendung finden, wenn besondere Umstände, wie etwa ein von vornherein bestehendes Mißverhältnis zwischen der Größe und Beschaffenheit des Versammlungsraumes und der Zahl der zu erwartenden Teilnehmer, die Annahme gerechtfertigt erscheinen lassen, daß die Einberufung der Versammlung in den geschlossenen Raum nur zur Umgehung der Bestimmungen für Versammlungen unter freiem Himmel hat dienen sollen. Voraussetzung ist daher, daß der Versammlungsraum an und für sich geeignet für die Versammlung war, und daß später hinzutretende Umstände das Abgehen von der ursprünglichen Absicht, die Versammlung in dem geschlossenen Raume abzuhalten, angezeigt erscheinen lassen."

§ 9.

Der Landeszentralbehörde bleibt es überlassen zu bestimmen, daß und unter welchen Voraussetzungen für Versammlungen unter freiem Himmel und Aufzüge die Genehmigung durch Anzeige oder öffentliche Bekanntmachung ersetzt wird.

Gewöhnliche Leichenbegängnisse sowie Züge der Hochzeitsgesellschaften, wo sie hergebracht sind, bedürfen der Anzeige oder Genehmigung nicht. Der Landeszentralbehörde bleibt es überlassen zu bestimmen, daß auch andere Aufzüge der Anzeige und Genehmigung nicht bedürfen, und daß Aufzüge, die durch mehrere Ortschaften führen, nur einer Polizeibehörde angezeigt und von ihr genehmigt zu werden brauchen.

1. Die Vorschriften des § 9 waren, abgesehen vom ersten Satz des Abs. 2 (s. Anm. 3), im Entwurf nicht enthalten; sie sind von der Kommission eingefügt. S. KomBer. 65, 66, 72, 73, 141, 142.

2. **Zu Abs. 1.**

Unter „Versammlungen unter freiem Himmel" sind gemäß § 7 öffentliche Versammlungen, unter „Aufzügen" solche auf öffentlichen Straßen oder Plätzen zu verstehen. S. § 5 Anm. 3a u. b, § 7 Anm. 3a u. b.

3. **Zu Abs. 2.**

Der erste Satz des Abs. 2 bildete im Entwurf den Abs. 4 des § 4. Die Vorschrift schafft eine Aus=

nahme von der Vorschrift des § 7. Hierzu heißt es in der Begründung (S. 31, 32): Es erscheint statthaft, für Aufzüge, die, obgleich sie öffentlich in die Erscheinung treten, dennoch lediglich einen privaten Charakter haben, oder die erfahrungsgemäß Verkehrshindernisse von erheblicher Ausdehnung oder Dauer nicht zu bereiten vermögen, oder die ihrer Art nach zu besonderer polizeilicher Aufsicht keinen Anlaß geben, eine Befreiung von den sonst geltenden Normen eintreten zu lassen. Hierher gehören Leichenbegängnisse, die in der äußeren Form nicht von dem Ueblichen abweichen, sowie Züge der Hochzeitsversammlungen, wenn sie an dem betreffenden Orte hergebracht sind. Selbstverständlich setzt die Befugnis, Aufzüge dieser Art ohne polizeiliche Genehmigung zu veranstalten, voraus, daß ihre Abhaltung weder gegen ein anderweites Verbotsgesetz verstößt, noch durch besondere polizeiliche Anordnungen auf Grund anderer gesetzlicher Bestimmungen, die auf das Vereins- und Versammlungsrecht keinen Bezug haben, untersagt ist. Ebenso selbstverständlich haben die Teilnehmer die auf anderen Gebieten, wie z. B. Straßen-, Verkehrs-, Gesundheitspolizei, beruhenden Vorschriften zu befolgen.

4. „Gewöhnliche Leichenbegängnisse." Ein Leichenbegängnis ist schon dann vorhanden, wenn das Trauergefolge an dem Ausgangspunkte des eigentlichen Trauerzuges zusammengetreten ist. Entsch. d. Preuß. Kammergerichts v. 24. April 1899, Deutsche Jur.-Ztg. IV, 507, Groschuff S. 70. Ungewöhnlich ist ein Leichenbegängnis, bei welchem entweder eine über den Zweck der Leichenbestattung hinausgehende Absicht verfolgt oder durch die besondere Weise der Ausführung die öffentliche Ordnung gefährdet wird. S. die bei Groschuff S. 70 Anm. 5 angegebenen Entscheidungen. Die unterlassene Zuziehung eines Geistlichen macht das Leichenbegängnis nicht zu einem ungewöhnlichen. Groschuff a.

a. O., Friedenthal S. 108. Ein Leichenbegängnis, bei dem „rote Fahnen und Kränze mit roten Schleifen“ getragen werden, ist ein ungewöhnliches. Groschuff a. a. O. Ob das Halten einer Grabrede durch Laien, d. h. andere Personen als ordinierte Geistliche einer Religionsgesellschaft, oder durch einen abgesetzten Geistlichen das Leichenbegängnis zu einem ungewöhnlichen macht, ist Tatfrage und nach dem Ortsgebrauche zu beurteilen. Friedenthal S. 109, Groschuff S. 70. Ebenfalls ist es Tatfrage, ob eine „Rede“ vorliegt. Auch in einer kurzgefaßten Ansprache an eine Trauerversammlung in Gebetsform oder in der Form eines Nachrufes kann eine Rede gefunden werden. So sind z. B. die Ansprachen: „Im Namen der Sozialdemokratie widmen wir diesen Kranz“, „Möge dir die Erde leicht sein“, vom Preuß. Kammergericht für „Reden“ erklärt worden. Friedenthal S. 109. Andrerseits sind die bei der Niederlegung eines Kranzes gesprochenen Worte: „Diesen Kranz lege ich am Grabe unseres verstorbenen Genossen nieder“ nicht als Grabrede, sondern lediglich als die Erklärung dessen, was der Sprechende gerade erlaubterweise tat, angesehen worden. Entsch. d. Preuß. Kammerger. v. 20. Februar 1899, Deutsche Jur.-Ztg. IV, 422; Groschuff a. a. O., Friedenthal a. a. O.

Die Ausnahmevorschrift bezüglich der Leichenbegängnisse betrifft nicht nur in Bewegung befindliche Versammlungen von Menschen, sondern auch Trauerversammlungen am Grabe. Entsch. d. Preuß. Kammerger. Deutsche Jur.-Ztg. 1899 S. 506, Friedenthal S. 108.

5. „Züge der Hochzeitsgesellschaften“ sind von der Anzeigepflicht und Nachsuchung der Genehmigung ausgenommen, „wo sie hergebracht sind“. Es kommt nur darauf an, daß an dem betreffenden Orte Züge der Hochzeitsgesellschaften überhaupt üblich sind.

Ist dies der Fall, so kommt es auf die Art, wie sie stattzufinden pflegen, nicht an; auch die in ungewöhnlicher Form erfolgenden unterliegen nicht der Anzeigepflicht oder Einholung vorheriger Genehmigung. Das Herkommen muß schon beim Inkrafttreten des Vereinsgesetzes gegolten haben; nach diesem Zeitpunkte kann sich dem Gesetze entgegen kein Herkommen mehr bilden. Caspar S. 97.

6. Die angeführten Aufzüge bedürfen weder der Anzeige noch der Genehmigung. Nach dem Entwurf sollten sie nur der Genehmigung nicht bedürfen. In der Kommission wurden sie aber von der Verpflichtung der Anzeige befreit. KomBer. S. 141 — Antrag 84 Z. 8 — S. 142.

§ 10.

Jede öffentliche politische Versammlung muß einen Leiter haben. Der Veranstalter ist berechtigt, die Leitung selbst zu übernehmen, sie einem andern zu übertragen oder die Wahl des Leiters durch die Versammlung zu veranlassen. Der Leiter oder, solange dieser nicht bestellt ist, der Veranstalter hat für Ruhe und Ordnung in der Versammlung zu sorgen. Er ist befugt, die Versammlung für aufgelöst zu erklären.

1. § 10 regelt die Leitung der öffentlichen politischen Versammlungen. Im Entwurf (§ 5) lautete die diesbezügliche Vorschrift:

„Jede Versammlung, für die es einer Anzeige, Bekanntmachung oder Genehmigung bedarf, muß einen Leiter haben. Der Leiter oder, solange dieser nicht bestellt ist, der Veranstalter hat für Ruhe und Ordnung in der Versammlung zu sorgen.

Er ist befugt, die Versammlung für aufgelöst zu erklären."

Die Fassung des Gesetzes beruht auf den Beschlüssen der Kommission zweiter Lesung. KomBer. S. 143.

In der Begründung zum Entwurfe ist ausgeführt:

Das Vorhandensein einer Leitung gehört so sehr zu den Voraussetzungen für eine geregelte Führung der Verhandlungen und die Aufrechterhaltung der Ordnung, daß kaum eine Versammlung ohne Leitung stattfinden wird. Daher erscheint es unbedenklich, auch in dem Entwurfe dieses Erfordernis aufzustellen. Die Entscheidung über die Form der Bestellung des Leiters ist dem Ermessen der Beteiligten überlassen, da ein staatspolizeiliches Interesse nur darin besteht, daß die Versammlung überhaupt eine Leitung besitzt, während die Art und Weise ihrer Berufung in dieser Hinsicht belanglos ist. Die Aufgabe des Vorsitzenden besteht, soweit ein öffentliches Interesse in Frage kommt, darin, dafür zu sorgen, daß die Versammlung in Ruhe und Ordnung verläuft. Die Regelung der Stellung und der Befugnisse des Leiters gegenüber den einzelnen Teilnehmern an der Versammlung, für die unter Umständen auch das Hausrecht in Betracht kommen kann, fällt an sich nicht in den Rahmen des Entwurfs. Es ist daher davon abgesehen, ihn mit bestimmten, seiner Stellung und Aufgabe entsprechenden Befugnissen auszustatten und ihm zur Durchführung seiner Maßregeln besondere, etwa den polizeilichen Befugnissen nachgebildete Zwangsmittel zur Verfügung zu stellen. Da eine öffentliche Versammlung lediglich ein Privatunternehmen darstellt, hat der Leiter zur Erfüllung seiner Aufgabe keine besonderen Befugnisse.

Die ausdrückliche Hervorhebung der an sich selbstverständlichen Befugnis des Leiters, die Versammlung aufzulösen, bezweckt lediglich zum Ausdrucke zu bringen, daß die Teilnehmer der Versammlung, die sich nach deren Auflösung durch den Leiter nicht sofort entfernen, der Vorschrift des § 10 des Entwurfs (im Gesetz § 16) ebenso zuwiderhandeln, als wenn die Erklärung der Auflösung gemäß der versammlungsrechtlichen Vorschrift des § 9 (im Gesetz § 14) erfolgt wäre. (Begründ. S. 32, 33.)

2. Das Gesetz verlangt die Bestellung eines Leiters nur für jede öffentliche politische, d. h. zur Erörterung politischer Angelegenheiten veranstaltete Versammlung (§ 5). Nach dem Entwurf sollte „jede Versammlung, für die es einer Anzeige, Bekanntmachung oder Genehmigung bedarf", einen Leiter haben müssen. Die jetzige Fassung wurde von der Kommission beschlossen. KomBer. S. 143.

3. a) Die Berufung des Leiters ist vom Gesetz dem Veranstalter der Versammlung überlassen. Dieser kann nach freiem Ermessen die Leitung selbst übernehmen oder sie einem anderen übertragen oder die Wahl des Leiters durch die Versammlung veranlassen. Solange nicht ein anderer Leiter bestellt ist, behält der Veranstalter den Vorsitz. Im Entwurf war die Bestellung der Leitung nicht ausdrücklich geregelt. Die jetzige diesbezügliche gesetzliche Vorschrift wurde einstimmig von der Kommission beschlossen. KomBer. S. 74, 76.

b) Die Uebertragung der Leitung durch den Veranstalter oder die Versammlung ist nicht unwiderruflich, kann vielmehr zurückgenommen werden. Ein in der Kommission gestellter Antrag, in das Gesetz aufzunehmen, daß die Uebertragung der Leitung durch den Veranstalter an einen andern „unwiderruflich" sein solle, „da die Uebertragung eines Rechtes prinzipiell endgültig und nicht widerrufbar sei", wurde von der Kommission abgelehnt. KomBer. S. 74 (Antrag 43), 75, 76.

c) Der Veranstalter kann Redner und Leiter in einer Person sein.

4. In der Kommission wurde auch der Antrag gestellt, den Leiter gesetzlich für befugt zu erklären, „Eintrittsgelder auch in unbestimmter Höhe zu erheben und Geldsammlungen veranstalten zu lassen“. Der Antrag wurde aber von der Mehrheit abgelehnt, nachdem seitens eines Vertreters des Reichsamts des Innern erklärt war: Was die Erhebung von Eintrittsgeldern oder die Veranstaltung von Geldsammlungen anlange, so seien hier die Vorschriften der Landesgesetzgebung maßgebend; da es sich hierbei nicht um einen Gegenstand handele, der mit dem Vereins- und Versammlungsrecht in unmittelbarem Zusammenhang stehe, sei der Entwurf nicht der Ort, diesen Gegenstand gesetzlich zu regeln. Der Antrag greife in das Gebiet des Kollektenwesens über; es sei nicht richtig, diese Frage hier auch nur zu berühren. KomBer. S. 74, 76.

Wo also solche Geldsammlungen (Tellersammlungen) landesrechtlich von der Genehmigung der Behörden abhängig sind, bleibt es dabei.

5. a) Hat der Leiter die Versammlung für aufgelöst erklärt, so sind alle Anwesenden verpflichtet, sich sofort zu entfernen. S. Anm. 1 und § 16 Anm. 4.

b) Wer sich nach Erklärung der Auflösung nicht sofort entfernt, macht sich strafbar nach § 18 Nr. 4. S. dort Anm. 7d.

§ 11.

Niemand darf in einer öffentlichen Versammlung oder einem Aufzuge, der auf öffentlichen Straßen oder Plätzen stattfinden soll, bewaffnet erscheinen, es sei denn, daß er vermöge öffentlichen Berufs zum Waffentragen berechtigt oder zum Erscheinen mit Waffen behördlich ermächtigt ist.

1. Die Vorschrift entspricht dem § 6 des Entwurfs. In der Begründung des Entwurfs heißt es zu dieser

Bestimmung (S. 33): Das Verbot, in öffentlichen Versammlungen oder Aufzügen Waffen mit sich zu führen, entspricht dem jetzigen Rechtszustand in der überwiegenden Mehrzahl der Bundesstaaten. Auch § 17 des Wahlgesetzes für den deutschen Reichstag gestattet nur unbewaffnete öffentliche Versammlungen zu dem dort genannten Zwecke. Die Aufrechterhaltung des Verbots ist im staats- und sicherheitspolizeilichen Interesse geboten, da das Mitführen von Waffen in erregter Stimmung leicht Anlaß zu Gewalttätigkeiten geben kann. Ausnahmen wären nur für diejenigen Personen zuzulassen, welche vermöge öffentlichen Berufs zum Waffentragen berechtigt oder zum Erscheinen mit Waffen bei solchen Veranstaltungen allgemein oder im Einzelfalle behördlich ermächtigt sind. Der Begriff der „Waffe" ist durch die Praxis und Rechtsprechung hinreichend klargelegt.

Die Vorschrift wurde von der Kommission in erster und zweiter Lesung unverändert angenommen. KomBer. S. 77, 143.

2. Wegen des Begriffes „öffentliche Versammlung" s. die Ausführungen in Anm. 3a und b zu § 5. Welchen Zweck die Versammlung verfolgt, darauf kommt es für das hier aufgestellte Verbot des Waffentragens nicht an. Das Verbot gilt allgemein für alle öffentlichen Versammlungen, auch für solche, die nicht der Anzeige oder Genehmigung bedürfen.

3. Wegen der Begriffe „Aufzug", „öffentliche Straßen oder Plätze" s. § 7 Anm. 3a und b.

4. a) „Bewaffnet." Das Gesetz hat davon abgesehen, den Begriff „Waffe" zu bestimmen, da „dieser Begriff durch die Praxis und Rechtsprechung hinreichend klargelegt" sei. Begründung des Entwurfs S. 33. Bei der Auslegung des Begriffes „Waffe" ist zunächst zu betonen, daß „Waffe" nicht ohne weiteres gleichbedeutend ist mit „gefährlichem Werkzeug" im Sinne des § 223a des Strafgesetzbuches. Nicht jeder Gegenstand, der als zur Beibringung erheblicher Körper-

verletzungen geeignet und deshalb als „gefährliches Werkzeug" anzusehen ist, hat ohne weiteres auch als „Waffe" im Sinne dieses Gesetzes zu gelten. Unter „Waffen" sind hier in erster Linie alle Gegenstände zu verstehen, die ihrer natürlichen Bestimmung nach zum Angriff oder zur Verteidigung dienen und zur Beibringung von Verletzungen geeignet sind, also die Waffen im eigentlichen technischen Sinne, die Schuß-, Hieb-, Stich- oder Stoßwaffen (vgl. hierzu Entsch. d. RG. Bd. 1 S. 445, Bd. 5 S. 115, Bd. 8 S. 89). Indessen sind unter Umständen auch andere Gegenstände, die zur Zufügung von Verletzungen geeignet sind, auch wenn ihnen nach ihrer ursprünglichen und natürlichen Bestimmung der Charakter als Waffe fehlt, als „Waffen" im Sinne dieses Gesetzes anzusehen, wenn sie nämlich im Einzelfalle nach der Bestimmung, dem Willen ihres Trägers als Angriffs- oder Verteidigungsmittel dienen sollen und zu diesem Zwecke in die Versammlung mitgebracht werden. Deshalb können z. B. Aexte, Knüppel, Sensen als „Waffen" im Sinne des Gesetzes angesehen werden. (Caspar S. 61: „Als Waffe ist anzusehen: 1. was von Hause aus bestimmt und geeignet ist, zu Angriff und Abwehr zu dienen und erhebliche Verletzungen zuzufügen, und 2. was zu diesem Zwecke geeignet und dazu zwar nicht von Hause aus, aber durch den Willen seines Besitzers bestimmt und in diesem Willen in die Versammlung gebracht ist.")

b) Gegenstände, die zwar das Aussehen einer Waffe haben, aber zum Gebrauche als solche weder geeignet noch bestimmt sind, gelten nicht als Waffen im Sinne dieses Gesetzes. Dies gilt namentlich von solchen als Waffen bezeichneten Gegenständen, die bei Versammlungen, öffentlichen Festzügen, Paraden, kirchlichen Prozessionen, Wallfahrten, Leichenbegängnissen, Theateraufführungen und dgl. als Schmuck- oder Kostümstücke getragen oder bei öffentlichen Festlichkeiten, Aufführungen und dgl. als

Uebungsgerät verwandt werden, z. B. von Ehrendegen, Paradeschlägern, Rappieren usw. Ebenso Groschuff S. 63, Friedenthal S 93, Petri S. 94, 95. In der Kommissionsberatung wurde von einer Seite angefragt, ob bei Aufzügen von Schützengilden, Umzügen von Studenten oder ähnlichen Gelegenheiten, bei denen doch das Tragen von Waffen, z. B. von Gewehren und Rapieren, durchaus üblich ist, eine besondere behördliche Ermächtigung zum Erscheinen mit Waffen im Sinne des § 6 des Entwurfes erforderlich sein werde. Der Staatssekretär erwiderte: § 6 des Entwurfes setze allerdings eine behördliche Ermächtigung zum Erscheinen mit Waffen voraus. Da aber Aufzüge und Umzüge der erwähnten Art, bei denen allerdings das Mitführen von Waffen üblich sei, nach dem Entwurfe an sich genehmigungspflichtig seien, so werde in der Erteilung der Genehmigung sinngemäß auch die Ermächtigung zum Erscheinen mit Waffen enthalten sein (KomBer. S. 77). Dasselbe gilt natürlich in derselben Weise insbesondere auch von den Kriegervereinen.

c) „Bewaffnet" ist im übrigen derjenige, welcher eine Waffe mit sich führt, bei sich trägt. Gleichgültig ist es, ob sie äußerlich sichtbar getragen wird. Das Verbot bezieht sich insbesondere auch auf solche Stoß-, Hieb- oder Schußwaffen, welche in Stöcken oder Röhren oder in ähnlicher Weise verborgen sind.

5. Ausgenommen vom Verbote, bewaffnet zu erscheinen, sind nur diejenigen Personen, die vermöge öffentlichen Berufes zum Waffentragen allgemein berechtigt, oder die seitens der zuständigen Behörde zum Erscheinen mit Waffen in den Versammlungen oder bei den Aufzügen ermächtigt worden sind. Ob diese Ermächtigung allgemein oder für den Einzelfall erteilt worden ist, hat keine Bedeutung. S. Anm. 1.

6. Die Uebertretung des Verbotes, bewaffnet zu erscheinen, hat nach zwei Richtungen hin Folgen. Zu-

nächst sind gemäß § 14 Z. 4 die Beauftragten der Polizeibehörde befugt, unter Angabe des Grundes die Versammlung für aufgelöst zu erklären, wenn Bewaffnete, die unbefugt in der Versammlung anwesend sind, nicht entfernt werden. Hierzu ist besonders zu bemerken, daß schon die Anwesenheit und Nichtentfernung auch nur eines unbefugt Bewaffneten zur Auflösung berechtigt. Sodann wird nach § 19 Z. 2 mit Geldstrafe bis zu dreihundert Mark, an deren Stelle im Unvermögensfalle Haft tritt, oder mit Haft von einem Tage bis zu 6 Wochen bestraft, wer unbefugt in einer Versammlung oder in einem Aufzuge bewaffnet erscheint.

§ 12.

Die Verhandlungen in öffentlichen Versammlungen sind in deutscher Sprache zu führen.

Diese Vorschrift findet auf internationale Kongresse sowie auf Versammlungen der Wahlberechtigten zum Betriebe der Wahlen für den Reichstag und für die gesetzgebenden Versammlungen der Bundesstaaten und Elsaß-Lothringens vom Tage der amtlichen Bekanntmachung des Wahltags bis zur Beendigung der Wahlhandlung keine Anwendung.

Die Zulässigkeit weiterer Ausnahmen regelt die Landesgesetzgebung. Jedoch ist in Landesteilen, in denen zur Zeit des Inkrafttretens dieses Gesetzes alteingesessene Bevölkerungsteile nichtdeutscher Muttersprache vorhanden sind, sofern diese Bevölkerungsteile nach dem Ergebnisse der jeweilig letzten Volkszählung sechzig vom Hundert der Gesamtbevölkerung übersteigen, während der ersten zwanzig Jahre nach dem Inkrafttreten dieses Gesetzes der Mitgebrauch der nichtdeutschen Sprache gestattet, wenn der Veranstalter der öffentlichen Versammlung mindestens dreimal vierundzwanzig Stunden vor ihrem Beginne der Polizeibehörde die Anzeige erstattet hat, daß und in welcher nichtdeutschen Sprache die Verhandlungen geführt werden sollen. Über die Anzeige ist von der Polizeibehörde sofort eine kostenfreie Bescheinigung zu erteilen. Als Landesteile gelten die Bezirke der unteren Verwaltungsbehörden.

Ferner sind, soweit die Landesgesetzgebung abweichendes nicht bestimmt, Ausnahmen auch mit Genehmigung der Landeszentralbehörde zulässig.

1. § 12, der sogenannte „Sprachenparagraph", war im Plenum des Reichstages wie bei der Kommissionsberatung einer der meistumstrittenen des ganzen Gesetzes. Wiederholt schien es, als ob an dieser Bestimmung das Zustandekommen des Gesetzes scheitern sollte. Vgl. hierzu StenBer. 2104 ff., 2125 ff., 2164 ff., 4636 ff., KomBer. S. 111 ff., 143 ff. Im Entwurf (§ 7) hatte sie folgenden Wortlaut:

„Die Verhandlungen in öffentlichen Versammlungen sind in deutscher Sprache zu führen. Ausnahmen sind mit Genehmigung der Landeszentralbehörde zulässig."

Aus der Begründung des Entwurfes sei hier folgendes angeführt:

Vorbehaltlich der zur Vermeidung von Härten zuzulassenden Ausnahmen darf und muß an die Spitze einer Regelung der Sprachenfrage der Grundsatz gestellt werden, daß gegenüber jedem Deutschen, der innerhalb des Reichsgebiets in öffentlicher Versammlung zu seinen reichsangehörigen Mitbürgern reden will, der Gebrauch der deutschen Sprache zu verlangen und als möglich vorauszusetzen ist. Hierdurch soll nicht etwa ein Ausnahmegesetz geschaffen, sondern lediglich der deutschen Sprache die ihr im nationalen Interesse zukommende Stellung durch ein für das ganze Reich und für alle seine Angehörigen geltendes Recht gewährleistet werden. Dieses um so mehr, als die fremde Sprache vielfach zum Deckmantel deutschfeindlicher Absonderungsbestrebungen dient.

Bei den weitgehenden Verzichten des Entwurfs auf polizeiliche Eingriffe und um zu verhüten, daß das Recht der Ueberwachung gerade da vereitelt wird, wo es zur Bekämpfung antinationaler Machenschaften von besonderer Bedeutung ist, muß auf den Grundsatz des § 7 das größte Gewicht gelegt werden. Den gleichen Erwägungen entspricht die Verpflichtung der Vereine, ihre Satzung in deutscher Sprache abzufassen und einzureichen (§ 2 des Entwurfs — im Gesetz § 3 —).

Um den Schwierigkeiten zu begegnen, die sich aus dem Verbote des Gebrauchs einer fremden Sprache in öffentlichen Versammlungen im einzelnen ergeben können, ist den Landeszentralbehörden die Befugnis vorbehalten, Ausnahmen zu gestatten. Sie werden hierbei auch durch Erlaß allgemeiner Bestimmungen Vorsorge zu treffen haben, daß die Fälle, in denen das Verbot über das Bedürfnis hinausgehen würde, nach Tunlichkeit von vornherein ausgeschieden werden. Ingleichen wird darauf Bedacht zu nehmen sein, daß sich die Teilnehmer an internationalen Kongressen, insonderheit zu wissenschaftlichen, künstlerischen und dergleichen Zwecken, aber auch darüber hinaus, an dem Gebrauche fremder Sprachen in keiner Weise gehindert sehen (Begründ. S. 34).

Die Fassung des Gesetzes beruht auf den Kommissionsbeschlüssen in der 2. Lesung. KomBer. S. 143,

151. In der Kommission wurde hierzu ausgeführt: In Abs. 1 werde das nationale Prinzip in klarer Weise festgelegt, daß in Deutschland für öffentliche Versammlungen die deutsche Sprache gelten müsse. Wenn man hiervon internationale Kongresse und die Wahlversammlungen für Reichstag und Landtag ausnehme, so sei dies eine wesentliche Erleichterung dieses Grundsatzes. Im übrigen solle unterschieden werden zwischen solchen Landesteilen, die eine überwiegende alteingesessene Bevölkerung mit nichtdeutscher Muttersprache aufweisen, und den rein deutschen Landesteilen, wie Rheinland und Westfalen. Für jene Landesteile solle das Inkrafttreten des an der Spitze des § 7 stehenden Grundsatzes um 20 Jahre aufgeschoben bleiben, wodurch im weitesten Sinne eine Vorbereitung ermöglicht werde. Nach Ablauf dieser Frist werde die Forderung der deutschen Sprache von niemand als ungerecht bezeichnet werden können. Außerdem sei der Landesgesetzgebung überlassen, weitere Ausnahmen zu statuieren, und zwar möge hiermit festgestellt werden, daß die Landesgesetzgebung hierbei an keine Schranken gebunden, also sogar befugt sei, das ganze Prinzip des § 7 außer Kurs zu setzen, z. B. für bestimmte Sprachen. KomBer. S. 144.

2. **Zu Abs. 1.**

a) Unter den „Verhandlungen" sind nicht bloß wechselseitige Erörterungen, sondern auch einseitige Reden und Vorträge ohne Erörterungen zu verstehen.

b) Wegen des Begriffes „öffentliche Versammlungen" s. § 5 Anm. 3 a u. b. Die Vorschrift des Abs. 1 bezieht sich allgemein auf alle öffentlichen Versammlungen, nicht bloß auf die in §§ 5, 10 besonders behandelten öffentlichen Versammlungen zur Erörterung politischer Angelegenheiten (politische Versammlungen).

3. **Zu Abs. 2.**

In der Kommission war beantragt, die Ausnahmebestimmung des Abs. 2 auszudehnen auf Versammlungen der Wahlberechtigten zum Betriebe „der Wahlen zu den kommunalen Körperschaften“, der Antrag wurde aber abgelehnt. KomBer. S. 144, 151.

4. Zu Abs. 3.

Als Landesteile (Bezirke der unteren Verwaltungsbehörden), die eine 60 vom Hundert der Gesamtbevölkerung übersteigende alteingesessene Bevölkerung nichtdeutscher Muttersprache haben, kommen nach dem Ergebnisse der Volkszählung von 1900 gemäß einem vom Staatssekretär der Kommission vorgelegten Verzeichnis in Betracht (KomBer. S. 151, 196 Anlage IV) (die Masuren und Kassuben sind zusammen mit den Polen gezählt):

A. In Preußen:

im Regierungsbezirk Allenstein die Kreise Ortelsburg, Neidenburg, Johannisburg;

im Regierungsbezirk Danzig die Kreise Preußisch Stargard, Karthaus, Putzig;

im Regierungsbezirk Marienwerder die Kreise Löbau, Straßburg i. Westpr., Tuchel;

im Regierungsbezirk Posen die Kreise Wreschen, Jarotschin, Schroda, Schrimm, Posen-Ost, Posen-West, Obornick, Samter, Grätz, Schmiegel, Kosten, Gostyn, Koschmin, Krotoschin, Pleschen, Ostrowo, Adelnau, Schildberg, Kempen in Posen;

im Regierungsbezirk Bromberg die Kreise Hohensalza, Strelno, Mogilno, Znin, Wongrowitz, Gnesen, Witkowo;

im Regierungsbezirk Oppeln die Kreise Rosenberg in Ostpreußen, Oppeln (Land), Groß-Strehlitz, Lublinitz, Tost-Gleiwitz, Tarnowitz, Beuthen (Land), Zabrze, Kattowitz (Land), Pleß, Rybnik, Kosel;

im Regierungsbezirk Schleswig die Kreise Hadersleben, Apenrade, Sonderburg.

B. In Elsaß-Lothringen:

im Bezirk Lothringen der Kreis Château-Salins.

5. Der verbotswidrige Gebrauch einer nichtdeutschen Sprache ist nach § 14 Nr. 6 ein Grund zur Auflösung der Versammlung, wenn den Rednern, die sich verbotswidrig der nichtdeutschen Sprache bedienen, auf Aufforderung der Beauftragten der Polizeibehörde von dem Leiter oder Veranstalter der Versammlung das Wort nicht entzogen wird.

Außerdem macht sich nach § 19 Nr. 3 strafbar, wer entgegen den Vorschriften des § 12 eine öffentliche Versammlung veranstaltet, leitet oder in ihr als Redner auftritt. S. § 19 Anm. 6.

Die Anzeige ist zu erstatten vom Veranstalter der öffentlichen Versammlung. Die Erstattung der Anzeige durch einen anderen ist nicht zulässig und gibt kein Recht, die Erteilung der polizeilichen Bescheinigung über die Anzeige zu verlangen.

Nach § 14 Nr. 1 kann eine öffentliche Versammlung, in der die Verhandlungen in einer nichtdeutschen Sprache geführt werden, aufgelöst werden, wenn die Bescheinigung über die ordnungsmäßige Anzeige nicht vorgelegt werden kann.

§ 13.

Beauftragte, welche die Polizeibehörde in eine öffentliche Versammlung (§§ 5, 6, 7, 8, 9, 12) entsendet, haben sich unter Kundgebung ihrer Eigenschaft dem Leiter oder, solange dieser nicht bestellt ist, dem Veranstalter der Versammlung zu erkennen zu geben.

Den Beauftragten muß ein angemessener Platz eingeräumt werden. Die Polizeibehörde darf nicht mehr als zwei Beauftragte entsenden.

1. § 13 regelt die vereinsgesetzliche polizeiliche Ueberwachung einer öffentlichen Versammlung. Er entspricht im wesentlichen dem § 8 des Entwurfes.

Das Gesetz stellt die Befugnis der Polizeibehörde, Beauftragte in eine öffentliche Versammlung zu entsenden, als selbstverständlich hin und trifft nur Bestimmungen für den Fall, daß die Polizei von ihrer Befugnis Gebrauch macht. Im Entwurf war die Befugnis zur Entsendung von Beauftragten ausdrücklich hervorgehoben worden, doch wurde diese Bestimmung in der Kommission als „selbstverständlich" gestrichen. S. KomBer. S. 79, 80, 83.

Andererseits ist zu bemerken, daß nach dem Gesetz die Polizeibehörde nicht etwa verpflichtet ist, Beauftragte zu entsenden; sie hat vielmehr nur das Recht, die Befugnis.

2. a) Welche Befugnisse die Beauftragten der Polizeibehörde gegenüber der Versammlung und ihren einzelnen Teilnehmern vom vereins- und versammlungsrechtlichen Standpunkte aus haben, ist in § 14 bestimmt. Die Vorschrift des § 14 ist derart einschränkender und ausschließlicher Natur, daß den polizeilichen Beauftragten weitere Befugnisse als die dort angeführten nach dem Vereinsgesetz nicht zustehen. „Soweit außerhalb des Rahmens der Versammlungspolizei aus Anlaß der Ansammlung einer größeren Menschenmenge aus anderen, etwa auf dem Gebiete der Sicherheits-, Verkehrs-, Kriminal-, Bau-, Gesundheits- usw. Polizei liegenden Gründen eine polizeiliche Einwirkung erforderlich wird, bleiben die hierfür aus der Landesgesetzgebung sich ergebenden Befugnisse der Behörden, weil sie anderen Rechtsgebieten angehören, unberührt." Begründung S. 35.

b) Ein Recht, über die Persönlichkeiten der Redner, sei es von diesen selbst, sei es vom Leiter oder Veranstalter der Versammlung Auskunft zu verlangen, steht den Beauftragten der Polizeibehörde nach dem

Vereinsgesetz nicht zu. In der Kommissionsberatung äußerte sich der Staatssekretär des Innern zu dieser Frage folgendermaßen: Was die Feststellung der Persönlichkeiten der Redner anlange, so haben die Abgeordneten der Polizei nach § 4 letzter Absatz der preußischen Verordnung vom 11. März 1850 das Recht, Auskunft über die Personen der Redner zu verlangen. Diese Bestimmung habe man in den Entwurf nicht übernommen. Hiernach werden vereins- und versammlungsrechtliche Befugnisse der Polizei zu solchen Fragen nicht mehr bestehen. Daß in besonderen Fällen, z. B. wenn es sich um die Feststellung von Verbrechen oder Vergehen handle, die Polizei in der Lage sein müsse, die betreffenden Persönlichkeiten festzustellen, sei selbstverständlich. KomBer. S. 80.

c) Ueber die Stellung und Aufgaben der Beauftragten der Polizeibehörde im allgemeinen heißt es in der Begründung (S. 36): „Weder für die überwachenden Beamten noch für sonstige polizeiliche Organe liegt ohne weiteres ein Anlaß vor, für das Gelingen oder den sachgemäßen Verlauf einer Versammlung tätig einzugreifen. Sie haben sich vielmehr grundsätzlich jeder Einwirkung in Meinungsverschiedenheiten des Leiters mit den Teilnehmern oder der Teilnehmer untereinander zu enthalten, soweit nicht etwaige Ausschreitungen nach den allgemeinen Regeln ein polizeiliches Einschreiten erforderlich machen. Eine etwaige Bitte des Leiters um Unterstützung bei den zur Erhaltung der Ruhe und Ordnung erforderlich werdenden Maßnahmen gegen einzelne Teilnehmer wird daher unter dem Gesichtspunkt eines von einer Privatperson ausgehenden Ersuchens polizeilichen Einschreitens zu beurteilen sein. Eine Verpflichtung des überwachenden Beamten, als solchen, zur Unterstützung des Versammlungsleiters besteht somit nicht, sondern könnte nur in seiner etwaigen

Eigenschaft als polizeilicher Exekutivbeamter begründet sein."

3. Eine Bestimmung dahin, daß der Leiter oder Veranstalter der Versammlung mit deren Eröffnung warten müsse, bis die „Beauftragten" sich in der Versammlung eingefunden haben, enthält das Gesetz nicht. „Der Gedanke, daß etwa die Versammlung warten müsse, bis die Polizei erscheint, ist dem Gesetz durchaus fremd." Erklärung des Staatssekretärs des Innern bei der Kommissionsberatung, KomBer. S. 80. Die Eröffnung der Versammlung zur angegebenen Zeit (§ 5) ist also von dem Erscheinen, der Anwesenheit der Beauftragten nicht abhängig.

4. Die Verweigerung der Zulassung der Beauftragten der Polizeibehörde ist nach § 14 Nr. 3 ein Grund zur Auflösung der Versammlung.

Zu Abs. 2.

5a) Zur Angemessenheit des Platzes gehört, daß er den Beauftragten die Möglichkeit bietet, ihres Amtes zu walten. Den Beauftragten ist also ein Platz einzuräumen, von dem aus sie die Vorgänge in der Versammlung verfolgen können, der so gelegen ist, daß sie nötigenfalls unbelästigt mit dem Leiter oder Veranstalter der Versammlung in Verbindung treten können, und von dem aus sie sich allen Anwesenden bemerklich machen können, wenn sie eine amtliche Mitteilung (§ 14) an die Versammlung richten wollen. Ferner ist zur Angemessenheit erforderlich, daß der Platz nicht durch irgendwelche Umstände als mit der Würde der Polizeibehörde oder ihrer Beauftragten unvereinbar erscheint. Caspar S. 78; Friedenthal S. 87 Anm. 9; Groschuff S. 59 Anm. 5.

Ein Recht, gerade am Vorstandstisch zu sitzen, ist den Beauftragten der Polizeibehörde vom Gesetz nicht eingeräumt worden. KomBer. S. 82.

b) Nach dem Entwurfe (§ 8 Abs. 3) sollte den Beauftragten der Polizeibehörde das Recht der Wahl des angemessenen Platzes zustehen. Die Bestimmung des Entwurfes lautete: „Den Beauftragten muß nach ihrer Wahl ein angemessener Platz eingeräumt werden." In der Kommission wurden aber die Worte „nach ihrer Wahl" gestrichen. KomBer. S. 78, 82 unten. Hiernach steht also den Beauftragten das Recht der Auswahl des Platzes nicht zu.

Die Entscheidung darüber, ob der Platz ein „angemessener" war, steht schließlich (in einem etwaigen Strafverfahren, § 18 Nr. 3) dem Richter zu.

c) Die Verweigerung eines angemessenen Platzes ist kein Grund zur Verhinderung oder Auflösung der Versamlung, sondern macht nur den Veranstalter oder Leiter der Versammlung strafbar (§ 18 Nr. 3). Nach dem Entwurfe (§ 9 Z. 2) sollte die Verweigerung des angemessenen Platzes zur Auflösung der Versammlung berechtigen; die Kommission strich aber diese Bestimmung und stellte dafür in § 18 Nr. 3 die Strafvorschrift ein. KomBer. S. 152, 154.

6. Vom vereins- und versammlungsrechtlichen Standpunkte aus darf die Polizeibehörde nur zwei Beauftragte in die Versammlung senden. Wenn mehr als zwei Beauftragte erscheinen, muß sich die Ueberzahl auf die Aufforderung des zur Wahrung des Hausrechtes Berechtigten (des Veranstalters oder Leiters der Versammlung) entfernen. Sonst macht sie sich des Hausfriedensbruchs schuldig.

7. Die „Beauftragten" brauchen nicht unbedingt Polizeibeamte zu sein; es kann sich z. B. auch ein Dolmetscher darunter befinden (in fremdsprachigen Gegenden). Immer aber darf die Polizeibehörde nur zwei Beauftragte entsenden.

§ 14.

Die Beauftragten der Polizeibehörde sind befugt, unter Angabe des Grundes die Versammlung für aufgelöst zu erklären,

1. wenn in den Fällen des § 12 Abs. 3 die Bescheinigung über die ordnungsmäßige Anzeige nicht vorgelegt werden kann;
2. wenn die Genehmigung nicht erteilt ist (§ 7)
3. wenn die Zulassung der Beauftragten der Polizeibehörde (§ 13 Abs. 1) verweigert wird;
4. wenn Bewaffnete, die unbefugt in der Versammlung anwesend sind, nicht entfernt werden (§ 11);
5. wenn in der Versammlung Anträge oder Vorschläge erörtert werden, die eine Aufforderung oder Anreizung zu Verbrechen oder nicht nur auf Antrag zu verfolgenden Vergehen enthalten;
6. wenn Rednern, die sich verbotswidrig einer nichtdeutschen Sprache bedienen (§ 12), auf Aufforderung der Beauftragten der Polizeibehörde von dem Leiter oder Veranstalter der Versammlung das Wort nicht entzogen wird.

Ist eine Versammlung für aufgelöst erklärt worden, so hat die Polizeibehörde dem Leiter der Versammlung die mit Tatsachen zu belegenden Gründe der Auflösung schriftlich mitzuteilen, falls er dies binnen drei Tagen beantragt.

1. § 14 setzt fest, aus welchen Gründen nach dem Vereinsgesetz eine Versammlung polizeilich aufgelöst werden darf. Er entspricht dem § 9 des Entwurfes.

„Daß die Abhaltung von Versammlungen, die gegen ein Strafgesetz verstoßen würden, polizeilich verhindert werden kann, oder daß solche Versammlungen, wenn sie bereits zusammengetreten sind, zerstreut werden können, ist selbstverständlich. Dagegen bedarf die Befugnis der Polizei zur Auflösung von Versammlungen, die zwar an sich nicht unerlaubt sind, bei denen aber besondere Gründe die Auflösung rechtfertigen, nach dem Vorgange der Gesetze der meisten Bundesstaaten der besonderen versammlungsrechtlichen Regelung." (Begründung S. 36.)

a) Der Entwurf wollte die Auflösungsbefugnis als Ausfluß der in § 10 dem Leiter anvertrauten Versammlungsdisziplin auch in denjenigen Fällen zunächst in die Hände der Leitung legen, in denen Verstöße gegen das Versammlungsrecht die Auflösung angezeigt erscheinen lassen. Die Beauftragten der Polizeibehörde sollten sich eines unmittelbaren Eingreifens, soweit nicht etwa von einzelnen begangene Handlungen dazu nötigen, zunächst zu enthalten haben. Nur wenn die Leitung nicht willens oder nicht imstande ist, die in § 14 bezeichneten Ordnungswidrigkeiten oder Gesetzesübertretungen zu verhüten oder zu verhindern, sollten die Beauftragten der Polizeibehörde ihrerseits, nach erfolgter Aufforderung an den Leiter, zu unmittelbarem Einschreiten gegenüber der Versammlung berechtigt sein. (Begründung S. 35.) Diese Fassung des Entwurfes fand aber nicht den Beifall der Kommission. Man hielt es für richtiger, die Auflösungsbefugnis unmittelbar den Beauftragten der Polizeibehörde zu übertragen. „Es sei nicht tunlich, den Leiter oder Veranstalter zwischen die Polizei und die Versammlung einzuschieben. Die Polizei solle, wenn nötig, selbst und unter eigener und alleiniger Verantwortung einschreiten." KomBer. S. 85.

b) Ueber die polizeiliche Auflösungsbefugnis ist in der Begründung ausgeführt (S. 37): „Im Interesse tunlichster Wahrung der Versammlungsfreiheit ist auch die aus versammlungsrechtlichen Gründen herzuleitende Befugnis der überwachenden Beauftragten der Polizeibehörde, die Auflösung einer Versammlung herbeizuführen, auf ein geringes Maß beschränkt. Insbesondere sind in dem Entwurf alle diejenigen in dem geltenden Rechte enthaltenen Gründe ausgeschieden, welche wegen der Allgemeinheit ihrer Fassung Anlaß zu verschiedenartiger Auslegung geben können, oder bei denen zur Auflösung bereits eine innerhalb des Versammlungsraumes entstandene Unordnung genügt, die nicht notwendig eine Wirkung auf die weitere Oeffentlichkeit zu äußern braucht. Insbesondere wird auch davon Abstand genommen, aus der Unterlassung einer Anzeige einen Grund für die Auflösung einer Versammlung herzuleiten. Damit wird zugleich einem Wunsche weiterer Kreise entsprochen, die in diesem Grunde der Auflösung eine durch das praktische Bedürfnis nicht gebotene Härte erblicken zu sollen glauben. Auch die Aufforderung zur Begehung strafbarer Handlungen soll nicht unbedingt zur Auflösung nötigen. Hier dürfte das allgemeine Strafgesetz, insbesondere §§ 110, 111 StrGB. in Verbindung mit der allgemeinen Verpflichtung der Polizeibeamten zur Verfolgung strafbarer Handlungen einen genügenden Schutz bieten, der es entbehrlich macht, eine Versammlung, die gar nicht gewillt ist, auf die Aufforderung einzugehen oder aus deren Mitte heraus die Ausführungen des Redners vielleicht widerlegt würden, für die Verfehlungen eines einzelnen durch die Auflösung büßen zu lassen."

2. Nach § 14 sind nur die von der Polizeibehörde gemäß § 13 in die Versammlungen entsendeten „Beauftragten" zur Auflösung befugt, nicht etwa auch andere in der Versammlung anwesende Polizeibeamte. Vgl. hierzu § 13 Anm. 6 und 7. Darüber, inwieweit die Polizeibehörde im allgemeinen und aus anderen als den im § 14 angeführten Gründen zur Auflösung

einer Versammlung befugt ist, heißt es in der Begründung des Entwurfs (S. 38): Selbstverständlich erleiden die nach allgemeinen Vorschriften der Polizei gegenüber dem einzelnen zustehenden Befugnisse durch die Einschränkung der versammlungsrechtlichen Auflösung keine Aenderung. Daß der Polizei die ihr zustehenden allgemeinen Befugnisse, insbesondere in Hinsicht der Bau-, Feuer-, Gesundheits- und Straßenpolizei sowie z. B. auch gegenüber Tumulten, welche die öffentliche Ruhe und Sicherheit zu gefährden geeignet sind, auch bei der Abhaltung öffentlicher Versammlungen gewahrt bleiben, bedarf als selbstverständlich keiner ausdrücklichen Hervorhebung. Wird die Polizei aus einem solchen, auf einem anderen Rechtsgebiete liegenden Grunde in die Notwendigkeit versetzt, die Abhaltung oder Fortsetzung einer Versammlung zu verhindern, so handelt es sich nicht um eine versammlungsrechtliche Maßnahme, so daß die Polizei nicht etwa an die Voraussetzungen der ihr im § 9 des Entwurfs (§ 14 des Gesetzes) beigelegten Auflösungsbefugnis gebunden ist, sondern sich ohne weiteres aller ihr zur Verhinderung oder Zerstreuung einer verbotswidrigen Menschenansammlung zu Gebote stehenden Machtmittel bedienen kann.

S. auch die Ausführung der Begründung in Anm. 2a zu § 13.

3. Ueber die Befugnis des Leiters und Veranstalters der Versammlung, diese aufzulösen, s. § 10 Anm. 1, § 16 Anm. 4.

4. Nach dem Gesetz sind die Beauftragten der Polizeibehörde nur befugt, nicht verpflichtet, die Versammlung für aufgelöst zu erklären. Es ist ihrem pflichtmäßigen Ermessen überlassen, ob und wann sie von der Befugnis Gebrauch machen.

5. Einer vorherigen Verwarnung bedarf es für die Ausübung der Auflösungsbefugnis nicht.

6. Das Gesetz hat eine bestimmte Form oder einen bestimmten Wortlaut für die Auflösungserklärung nicht vorgeschrieben. Es genügt jede Erklärung, die unzweideutig erkennen läßt, daß die Fortsetzung der Versammlung nicht gestattet ist (Entsch. d. RG. Bd. 11 S. 374, 375), daß die Versammlung auseinandergehen solle, z. B.: „Ich löse die Versammlung hierdurch auf", oder: „Ich erkläre die Versammlung für aufgelöst", oder: „Ich schließe die Versammlung" (Entscheid. d. Preuß. Kammergerichts v. 18. September 1905, Deutsche Jur.-Ztg. S. 1066). Die Auflösung kann auch durch verständliche (sogen. konkludente) Handlungen erfolgen. Wenn z. B. der Lärm in der Versammlung so groß ist, daß die Beauftragten sich durch Worte nicht mehr verständlich machen können, so kann die Auflösung etwa in der Weise erfolgen, daß der beauftragte Polizeibeamte seinen Helm aufsetzt und durch Zeichen die Versammelten auffordert, sich zu entfernen. Erforderlich ist nur, daß die Auflösung sämtlichen Teilnehmern verständlich ist (Entsch. d. RG. a. a. O.), daß also die Möglichkeit für jeden Teilnehmer besteht, die Auflösungserklärung zu vernehmen. Darauf, ob sie tatsächlich von jedem einzelnen vernommen oder verstanden ist, kommt es nicht an. Petri S. 125.

Die Auflösungserklärung ist sofort vollstreckbar, auch dann, wenn die Auflösung ohne Grund geschehen ist. Gleichgültig ist auch, ob die Auflösung auf Grund des Vereinsgesetzes ausgesprochen ist oder nicht. v. Kamptz u. Delius S. 43. S. auch § 16 Anm. 6 b und 7.

7. a) Mit der Auflösungserklärung ist gleichzeitig der Grund der Auflösung anzugeben. Hierzu heißt es in der Begründung des Entwurfs (S. 38): „Die Verpflichtung zur Angabe des Grundes, aus dem die Auflösung verlangt wird, liegt im Interesse der Versammlung. Wenn die davon Betroffenen schon an und für sich mit einem gewissen Rechte Anspruch darauf erheben

können, die Veranlassung der Auflösung zu erfahren, so kann unter Umständen die Bekanntgabe an den Leiter auch noch im letzten Augenblick ermöglichen, den Anlaß zu beseitigen, und endlich ist es für das gegebenenfalls einzuleitende Beschwerdeverfahren wesentlich, den Auflösungsgrund zu kennen."

b) Die Nichtangabe des Auflösungsgrundes hat nicht die Unwirksamkeit der Auflösungserklärung zur Folge, sondern bildet nur einen Beschwerdegrund (§ 15). Die Nichtangabe entbindet demgemäß auch die Anwesenden nicht von der im § 16 festgesetzten Verpflichtung, sich nach der Auflösungserklärung sofort zu entfernen, und würde auch die in § 18 Nr. 4 für den Fall der Nichtentfernung angedrohte Strafbarkeit nicht beseitigen.

8. Nach Abs. 2 ist, wenn eine Versammlung aufgelöst worden ist, die Polizeibehörde verpflichtet, die Gründe der Auflösung unter Angabe der Tatsachen schriftlich mitzuteilen, wenn er dies binnen 3 Tagen nach Auflösung der Versammlung beantragt.

9. Nach § 15 kann die Auflösung einer Versammlung ebenso wie die Verfügung der Auflösung eines Vereines angefochten werden. S. §§ 15, 2 Abs. 2.

10. Die Auflösungserklärung hat die Folgen, daß alle Anwesenden verpflichtet sind, sich sofort zu entfernen (§ 16), und daß derjenige, welcher sich nach Erklärung der Auflösung nicht sofort entfernt, sich strafbar macht (s. § 18 Nr. 4).

11. Zu Nr. 1.

Die Vorschrift bildet die Ergänzung zu dem von der Kommission eingefügten Abs. 3 des § 12 (s. dort); sie wurde von der Kommission in zweiter Lesung eingefügt. KomBer. S. 152.

Unterlassung der Anzeige oder Bekanntmachung einer öffentlichen Versammlung bildet im allgemeinen keinen

Grund zur Auflösung der Versammlung (s. § 5 Anm. 8 a) Die Vorschrift in Nr. 1 bildet eine Ausnahme.

Ordnungsmäßig ist die Anzeige nach § 12 Abs. 3, wenn sie erstens vom Veranstalter, zweitens rechtzeitig, d. h. mindestens dreimal vierundzwanzig Stunden vor Beginn der Versammlung, erstattet ist, und drittens wenn sie die Angabe enthält, daß und in welcher nichtdeutschen Sprache verhandelt werden soll. Genügt die Anzeige diesen Erfordernissen, so muß die Polizeibehörde die Bescheinigung sofort kostenfrei erteilen.

12. Zu Nr. 3.

Nur die Verweigerung der „Zulassung" der Beauftragten der Polizeibehörde überhaupt berechtigt zur Auflösung der Versammlung. Dagegen bildet die Verweigerung der Einräumung eines angemessenen Platzes nach dem Gesetz keinen Auflösungsgrund, sondern macht nur den Veranstalter oder Leiter der Versammlung strafbar (§ 18 Nr. 3). Nach dem Entwurf (§ 9 Nr. 2) sollte auch die Verweigerung des angemessenen Platzes zur Auflösung der Versammlung berechtigen; es war darin die Vorschrift des Abs. 3 § 8 des Entwurfes (Abs. 2 § 13 des Gesetzes) ausdrücklich erwähnt. Die Bestimmung wurde aber von der Kommission gestrichen. KomBer. S. 84, 85, 88, 132, 152.

13. Zu Nr. 4 s. die Ausführungen zu § 11. Zu bemerken ist, daß die bloße Anwesenheit unbefugt Bewaffneter in der Versammlung nicht ohne weiteres zur Auflösung berechtigt, sondern erst ihre Nichtentfernung durch den nach § 10 zur Aufrechterhaltung von Ruhe und Ordnung in der Versammlung verpflichteten Leiter oder Veranstalter der Versammlung.

14. Zu Nr. 5.

Nach dem Entwurf (Nr. 4) sollte die Bestimmung lauten: „wenn Rednern, deren Ausführungen den Tatbestand eines Verbrechens oder eines nicht nur auf

Antrag zu verfolgenden Vergehens enthalten." Die jetzige Fassung beruht auf den Beschlüssen der Kommission.

a) Bei dem Auflösungsgrunde aus Nr. 5 muß es sich zunächst um „Anträge" oder „Vorschläge" handeln. Eine scharfe begriffliche Unterscheidung zwischen Anträgen und Vorschlägen läßt sich nicht aufstellen. Beiden gemeinsam ist es, daß es sich um Erklärungen handeln muß, die unmittelbar oder mittelbar bezwecken, dem Willen der Entschließung anderer eine bestimmte Richtung zu geben. Beim „Antrag" kommt in der Regel hinzu, daß er in einer bestimmten Fassung vorgebracht wird, doch gehört dies keineswegs zum Wesen des Antrages. Bloße Meinungsäußerungen ohne den erkennbaren Zweck, auf die Entschließung anderer einzuwirken, werden hiernach als Anträge oder Vorschläge nicht gelten können.

b) Erfordert wird für die Auflösung auf Grund der Nr. 5 ferner, daß die Anträge oder Vorschläge „erörtert" werden. Bloße Aufforderung zur Begehung nötigt nicht unbedingt zur Auflösung. S. die Ausführungen der Begründung in Anm. 1b.

„Erörtern" heißt: „eine Sache nach ihrem Grund und Wesen untersuchen, auseinandersetzen, auseinanderlegen". Entsch. d. RG. in Straff. Bd. 38 S. 185. Ob dies in Form eines einseitigen Vortrages geschieht oder in Form einer Diskussion (Debatte), ob nur eine Ansicht klargelegt wird, oder ob verschiedene mitgeteilt und kritisiert werden, ob der Vortragende mit seiner eigenen Meinung hervortritt oder nur die Ansichten und Aeußerungen anderer wiedergegeben werden, ist für den Begriff der „Erörterung" unerheblich. Es ist nicht nötig, daß der Erörternde die Gründe für und wider entwickelt. Auch eine einseitige Beleuchtung und Betrachtung ist eine Erörterung. Entscheid. d. RG. Bd. 38 S. 185. Auch in dem Vorlesen aus Büchern und Zeitungen ist eine Erörterung erblickt worden. Entsch. d. Preuß.

Obertribunals vom 15. September 1876, Oppenhoff, Rechtspr. d. Obertribun. Bd. 17 S. 564; Entsch. d. Preuß. Kammergerichts v. 12. Januar 1893 in Johow, Entsch. d. Kammerger. Bd. 13 S. 364.

Die äußere Form, in welcher die „Erörterung" zum Vortrag gelangt, ist ohne Bedeutung, so daß auch die Form einer gesanglichen oder szenischen Vorführung grundsätzlich nicht ausgeschlossen erscheint. Entsch. d. RG. Bd. 38 S. 185, 186.

Die bloße Stellung eines Antrages oder das bloße Vorbringen eines Vorschlages kann noch nicht als „Erörterung" gelten, wohl aber schon seine bloße Befürwortung oder Begründung durch den Antragsteller sowie die Beschlußfassung oder Abstimmung über einen Antrag oder Vorschlag, auch wenn darüber in der Versammlung nicht beraten ist. S. auch § 5 Anm. 5.

Die Tatsache, daß ein einzelner Redner den Tatbestand einer strafbaren Handlung erfüllt, bildet nach dem Gesetze noch keinen Auflösungsgrund. In der Kommission wurde von einem Mitgliede ausgeführt, es solle nicht von der „Strafrechtswidrigkeit, der Entgleisung eines einzelnen das Schicksal einer ganzen Versammlung abhängen dürfen". Dem stimmte der Staatssekretär des Innern zu. „Es sei auch der Gedanke des Entwurfs gerade der gewesen, das Schicksal der Versammlungen eben nicht von einzelnen Strafrechtswidrigkeiten abhängig zu machen." KomBer. S. 86.

c) Weiter muß es sich um Erörterung von Anträgen oder Vorschlägen handeln, die eine „Aufforderung" oder „Anreizung" zu Verbrechen oder nicht nur auf Antrag zu verfolgenden Vergehen enthalten.

„Aufforderung" ist eine an einen andern sich richtende Kundgebung, durch welche dieser in einer für ihn erkennbaren Weise zu einem Tun oder Lassen bestimmt werden soll (Olshausen, Kommentar zum Strafgesetzbuch § 110 Anm. 3). Aehnlich — nach einer

Entscheidung des RG. Bd. 9 S. 72 — Oppenhoff, Strafgesetzbuch, § 85 Anm. 20: „Auffordern bezeichnet eine an (einen oder mehrere) andere sich richtende Kundgebung, welche erkennbar dahin abzielt, in jenen den Willen zu einem Handeln (Unterlassen) hervorzurufen." Nach einer Entsch. d. RG. (Bd. 4 S. 108) genügt zur Aufforderung „jede Kundgebung, welche eine Einwirkung auf den Willen anderer bezweckt". Daß das „Auffordern" mit ausdrücklichen Worten geschehe, ist begrifflich nicht notwendig; es genügt, wenn die Kundgebung in unzweideutiger Weise ihren Zweck erkennen läßt. In betreff der Form oder des Mittels der Aufforderung gibt das Gesetz keinerlei Vorschriften. Auch durch verständliche, sogen. konkludente Handlungen kann eine Aufforderung begangen werden. „Die Aufforderung braucht nicht ausdrücklich, sei es durch Anraten oder Bitten, durch Befehlen oder Drohen, kundgegeben zu werden; es genügt vielmehr, daß die Anreizung eines anderen indirekt durch eine Einwirkung auf die Sinne und Leidenschaften herbeizuführen gesucht wird." Entsch. d. RG. III. Strafs. v. 23. Juni 1902 (im „Recht" Jahrg. 1902 S. 440 Nr. 2108).

„Anreizung" bezeichnet im Gegensatz zu der Aufforderung ein mehr indirektes Mittel zur Einwirkung auf den Willen eines anderen, ein Mittel, durch welches bei diesem eine Geneigtheit zu einem bestimmten Tun oder Unterlassen hervorgerufen werden soll. (Oppenhoff, Strafgesetzbuch § 112 Anm. 2.) Nach einer Entscheidung d. Reichsger. IV. Strafs. v. 11. Juni 1907 (199/1907) bezeichnet „Anreizen" eine indirekte Beeinflussung des Willens eines anderen durch Einwirkung auf seine Sinne und Leidenschaften. Olshausen (Komment. z. Strafgeſ. § 112 Anm. 1) drückt sich über den Unterschied zwischen „Aufforderung" und „Anreizung" dahin aus: „Der Unterschied zwischen ‚Auffordern' und ‚Anreizen' scheint darin zu bestehen, daß bei letzterem die Veranlassung der anderen Person (zu einem gewissen Tun oder Lassen) indirekt durch eine Einwirkung auf deren Sinne und Leidenschaften herbeizuführen versucht wird, während das Auffordern in einer direkten, für den anderen erkennbaren Beeinflussung besteht."

Auch bei der „Anreizung" kommt es, wie bei der Aufforderung, auf die Form und das Mittel nicht an, sobald nur die Absicht erkennbar ist.

Aufforderung und Anreizung können auch versteckt geschehen, nur muß die Absicht, in dem anderen den Willen zum Handeln (Unterlassen) hervorzurufen, erkennbar sein. Demgemäß kann in dem Empfehlen, Anpreisen, Verherrlichen einer Handlung unter Umständen eine Aufforderung oder Anreizung zu ihrer Begehung gefunden werden. Ebenso kann die Darstellung eines gewissen Verhaltens als Pflicht, die Bezeigung oder Androhung von Verachtung, das Inaussichtstellen von Vorteilen eine Aufforderung oder Anreizung enthalten.

Darauf, ob sich die „Aufforderung" oder „Anreizung" an eine bestimmte Person oder allgemein an die Teilnehmer der Versammlung richtet, kommt es nicht an. Auch braucht das Verbrechen oder Vergehen, zu dem aufgefordert oder angereizt wird, nicht ausdrücklich oder nach Zeit und Ort genau bezeichnet zu sein. Ebenso ist es für die Auflösungsberechtigung gleichgültig, ob die Aufforderung oder Anreizung Erfolg hat oder nicht, oder ob eine Wahrscheinlichkeit besteht, daß sie den beabsichtigten Erfolg haben werde. Auch eine an eine leicht eintretende Bedingung geknüpfte Aufforderung oder Anreizung kann einen Auflösungsgrund bilden. Dagegen würde, wenn die Aufforderung oder Anreizung zum Verbrechen oder Vergehen auf eine an sich durchaus ungefährliche, zur Erreichung des Zweckes an sich völlig ungeeignete Weise erfolgt, ein zur Auflösung berechtigender Grund nicht vorliegen. Vgl. hierzu Entsch. d. Reichsgerichts Bd. 2 S. 432, 433.

d) Nur die Erörterung von Anträgen oder Vorschlägen, die eine Aufforderung oder Anreizung zu „Verbrechen oder nicht nur auf Antrag zu verfolgenden Vergehen" enthalten, bildet nach dem Gesetz einen Auflösungsgrund. Hiernach scheidet also zunächst die Aufforderung oder Anreizung zu Uebertretungen von vornherein als Auflösungsgrund ganz aus. Die Erörterung von Anträgen oder Vorschlägen, die eine Aufforderung oder Anreizung zu Vergehen enthalten, bildet nur dann einen Auflösungsgrund, wenn es sich um Vergehen handelt, die von Amts wegen, ohne vorherige Stellung eines Strafantrages, zu verfolgen sind. Demgemäß kommen hier als Auflösungsgründe nicht in Betracht Aufforderungen oder Anreizungen zu Vergehen, die nur auf Antrag verfolgt werden (z. B. zu Beleidigungen, leichten Körperverletzungen, einfachem Hausfriedensbruch, einfacher Sachbeschädigung). Zu bemerken ist hierbei aber besonders, daß das, was im Gesetz von Antragsvergehen bestimmt ist, nicht auch gilt von Vergehen, deren Verfolgung nur auf „Ermächtigung" des Verletzten eintritt (§§ 99, 101, 197 RStrGB.). Die Erörterung von Anträgen oder Vorschlägen, die eine Aufforderung oder Anreizung zu diesen nur mit Ermächtigung verfolgbaren Vergehen enthalten, bildet einen gesetzlichen Auflösungsgrund. Die Erörterung von Anträgen oder Vorschlägen, die eine Aufforderung oder Anreizung zu Verbrechen enthalten, bildet unbedingt einen Auflösungsgrund, also auch dann, wenn es sich um Verbrechen handelt, die nur auf Antrag zu verfolgen sind (z. B. § 102 RStrGB.).

Für die Frage, ob die Handlung, zu der aufgefordert oder angereizt wird, ein „Verbrechen" oder ein „Vergehen" ist, sind maßgebend § 1 des Strafgesetzbuches für das Deutsche Reich und § 1 des Militärstrafgesetzbuches für das Deutsche Reich.

§ 1 RStrGB.: „Eine mit dem Tode, mit Zuchthaus oder mit Festungshaft von mehr als fünf Jahren bedrohte Handlung ist ein Verbrechen.

Eine mit Festungshaft bis zu fünf Jahren, mit Gefängnis oder mit Geldstrafe von mehr als einhundertfünfzig Mark bedrohte Handlung ist ein Vergehen."

§ 1 MStrGB.: „Eine Handlung, welche dieses Gesetz mit dem Tode, mit Zuchthaus, oder mit Gefängnis oder Festungshaft von mehr als fünf Jahren bedroht, ist ein militärisches Verbrechen.

Eine Handlung, welche dieses Gesetz mit Freiheitsstrafe bis zu fünf Jahren bedroht, ist ein militärisches Vergehen."

Auch die Aufforderung oder Anreizung zum Versuche eines Verbrechens ist, da dieser sich ebenfalls als ein Verbrechen darstellt, unter den angeführten Voraussetzungen ein Auflösungsgrund; ebenso die Aufforderung oder Anreizung zum Versuche eines Vergehens, wenn dieser strafbar ist. (§ 44 RStrGB.)

Eine wörtliche oder ausdrückliche Bezeichnung des Verbrechens oder Vergehens wird nicht erfordert. Es genügt, daß in erkennbarer Weise zu einer Tat aufgefordert oder angereizt wird, die sich als Verbrechen oder Vergehen darstellt. S. auch S. 103.

Ob die Aufforderung oder Anreizung Erfolg hat oder nicht, darauf kommt es für die Auflösungsbefugnis nicht an. S. auch S. 103.

15. **Zu Abs.** 2 s. Anm. 8.

§ 15.

Auf die Anfechtung der Auflösung einer Versammlung finden die Vorschriften des § 2 Abs. 2 Anwendung.

1. Die Bestimmung des § 15 befand sich nicht im Entwurf, sondern ist von der Kommission eingefügt worden. Zur Begründung wurde angeführt, daß man, wie bei den Vereinen, so auch hier Rechtsgarantien gegenüber den Verfügungen der Verwaltungsbehörden, wodurch Versammlungen aufgelöst würden, schaffen müsse. In Preußen sei man seit langer Zeit daran gewöhnt, daß alle Entscheidungen der Verwaltungsbehörden, also auch die Auflösungsverfügungen im Verwaltungsstreitverfahren, angegriffen werden können. Es sei ja richtig, daß auch die erfolgreiche Anfechtung eine einmal verfügte Auflösung nicht wieder rückgängig machen könne. Allein solche Entscheidungen wirkten für spätere Fälle präventiv, erzieherisch. Das Prinzip sei das gleiche wie bei der Auflösung von Vereinen. KomBer. S. 89 (Antrag 61), 90, 91, 152, 153.

2. Hiernach kann also die Auflösungsverfügung im Wege des Verwaltungsstreitverfahrens und, wo ein solches nicht besteht, im Wege des Rekurses nach Maßgabe der Vorschriften der §§ 20, 21 der Gewerbeordnung angefochten werden. Vgl. hierzu § 2 Anm. 3. Darüber, inwieweit daneben noch sonstige Anfechtungsmittel, insbesondere das Recht der Beschwerde, bestehen, s. § 2 Anm. 5.

3. Wegen der Fristen für die Anfechtung s. § 2 Anm. 4.

§ 16.

Sobald eine Versammlung für aufgelöst erklärt ist, sind alle Anwesenden verpflichtet, sich sofort zu entfernen.

1. Die Vorschrift schließt sich an das geltende Recht an (vgl. z. B. § 6 der PreußVerordn. v. 11. März 1850, Art. 9 des BayerGes. v. 26. Februar 1850, § 10 des SächsGes. v. 22. November 1850, § 12 des BadGes. v. 21. November 1867 usw.).

Die Bestimmung des § 16 (im Entwurf § 10) wurde in der Fassung der Regierungsvorlage von der Kommission in beiden Lesungen unverändert angenommen, nachdem insbesondere der in erster Lesung gestellte Antrag, das Wort „sofort" zu streichen, abgelehnt worden war. KomBer. S. 92, 93.

2. Wegen des Begriffes „Versammlung" s. § 1 Anm. 9a und b.

Gemeint ist hier übrigens jede öffentliche Versammlung, nicht etwa bloß die in §§ 5, 10 besonders behandelte politische Versammlung.

3. Ueber die Form der Auflösungserklärung s. die Ausführungen zu § 14 Anm. 6 S. 97.

4. Die Verpflichtung, sich sofort zu entfernen, besteht für die Anwesenden nicht nur, wenn die Versammlung von den Beauftragten der Polizeibehörde für aufgelöst erklärt worden ist, sondern auch dann, wenn der Leiter oder Veranstalter die Versammlung für aufgelöst erklärt hat, und ferner auch dann, wenn die Auflösung seitens der Beauftragten der Polizeibehörde aus anderen als den in § 9 angeführten Gründen erklärt worden ist. Vgl. hierzu Entsch. d. RG. v. 8. Oktober 1907 (Bd. 40 S. 301 ff.). In der Kommission war beantragt worden, hinter dem Worte „Versammlung" einzufügen: „durch die Beauftragten der Polizeibehörde", um dadurch die Verpflichtung, sich sofort zu entfernen, zu beschränken auf die Fälle der Auflösung der Versammlung durch die Polizeibehörde. Zur Begründung dieses Antrages wurde angeführt: Nach § 11 Z. 3 (im Gesetz § 18 Nr. 4) solle derjenige bestraft werden, welcher sich nach ausgesprochener Auflösung nicht sofort entferne. Daß solche Bestrafung auch dann eintreten solle, wenn die Auflösung nur vom Leiter verfügt worden sei, sei doch wohl nicht anzunehmen. KomBer. S. 92. Hiergegen wurde seitens eines Vertreters des Reichsamts des Innern aus-

geführt: Nach dem Entwurfe sollen der Leiter bzw. Veranstalter die Versammlung in der Hand behalten und zur Vermeidung einer behördlichen Auflösung selbst auflösen können. Diese Tendenz sei auch von der Kommission gebilligt worden. Man solle hieran nichts wieder ändern und den Antrag ablehnen. Und aus der Mitte der Kommission wurde dieser Ausführung hinzugefügt: Man solle keinen Unterschied machen zwischen einer Auflösung der Versammlung durch die Polizei und einer solchen durch den Leiter. Wenn einmal die Auflösung verfügt sei, gleichviel von wem, müsse Folge geleistet werden. Gerade vom demokratischen Standpunkt aus sei es unverständlich, warum die Antragsteller der polizeilichen Auflösung höhere Autorität als der des Leiters beimessen wollen. Der Antrag wurde daraufhin mit großer Mehrheit abgelehnt. KomBer. S. 93. S. auch § 10 Anm. 1.

5. Die Verpflichtung, sich nach ergangener Auflösungserklärung sofort zu entfernen, ist vom Gesetz „allen Anwesenden" ohne Unterschied auferlegt. Diese Pflicht liegt insbesondere auch dem Eigentümer oder Mieter des Versammlungsraumes ob. Das Reichsgericht führt in dieser Beziehung (zu der gleichlautenden Vorschrift in § 6 des Preuß. Vereinsgesetzes v. 11. März 1850) aus (Bd. 40 S. 366 ff.): „Für den Eigentümer des Versammlungslokales ergibt sich aus §§ 4—6 des Ges. eine Einschränkung seines im Eigentum an sich begründeten Rechts der freien und ausschließlichen Verfügung über den Versammlungsraum dahin, daß, wenn er den Raum Zwecken einer Versammlung im Sinne der §§ 1 ff. hergibt, er auch die Anwesenheit des Abgeordneten der Ortspolizeibehörde in dem Versammlungsraum und dessen amtliche Betätigung daselbst dulden muß, insoweit also irgendwelche aus seinem Eigentum fließende Rechte nicht geltend machen kann. Zu der amtlichen Betätigung zählt gegebenenfalls insbesondere

auch die Auflösung der Versammlung. Die Auflösung besteht darin, daß die Versammlung zum Auseinandergehen veranlaßt wird. Zur Erreichung dieses Zieles hat der Gesetzgeber das Mittel gewählt, daß er nach Abgabe der Auflösungserklärung ‚alle Anwesenden verpflichtete‘, sich sofort zu entfernen. Diese Pflicht ist allen Anwesenden ohne Unterschied auferlegt. Sie ruht deshalb auch auf dem Eigentümer selbst, wenn er zu den Anwesenden gehört, und schränkt demnach als eine öffentlichrechtliche seine im Eigentum begründete Befugnis, in seinen Räumen nach Belieben zu verweilen, für den Zweck, die Auflösung der Versammlung durchzuführen, und in den Grenzen dieses Zweckes ein. Sie würde erst entfallen, wenn der Abgeordnete der Polizeibehörde ihm die Anwesenheit gestattete, insbesondere etwa seine Mitwirkung für die Zwecke der Auflösung mit in Anspruch nähme. Der Mieter des Versammlungsraumes leitet seine Rechte lediglich vom Eigentümer her, und diese Rechte sind gleichfalls nur Privatrechte, die sich allein auf das zwischen ihm und dem Eigentümer bestehende Vertragsverhältnis gründen. Das Mietverhältnis kann daher ebensowenig wie das Eigentum die Anwendbarkeit der Vorschriften des öffentlichen Rechts einschränken, wird vielmehr umgekehrt nach Maßgabe des Inhalts dieser Vorschriften seinerseits einschränkend beeinflußt. Deshalb trifft das vorstehend hinsichtlich des Eigentümers Ausgeführte auch auf den Mieter zu, wenn er zu der Versammlung gehört, und dies gilt nach dem Zwecke des Vereinsgesetzes und den hier einschlägigen Bestimmungen vollends dann, wenn der Mieter, wie hier, nicht nur der Einberufer, sondern auch noch der Leiter der Versammlung war. Demgemäß unterfällt auch der Mieter des Versammlungsraums der Strafbestimmung des § 15, wenn er die auf ihm ruhende öffentlichrechtliche Verpflichtung des § 6 verletzt. Dies wird dadurch nicht in Frage gestellt, daß der Mieter, gleich dem Eigentümer, nach tatsächlich vollzogener Auflösung der Versammlung seinen im bürgerlichen Rechte begründeten Befugnissen entsprechend den Versammlungsraum an sich wieder betreten darf." Und in einer andern Entscheidung heißt es (Bd. 4 S. 304): „Die Verpflichtung, sich nach der Auflösungserklärung sofort zu entfernen, liegt auch dem Mieter des Versammlungsraumes ob. Die Vorschrift des § 6 will der Auflösung der Versammlung ihre alsbaldige, uneingeschränkte Durchführung sichern und dies durch vollständige Räumung des Versammlungsortes erreichen. Von diesem Gesichtspunkte aus kann es nicht darauf ankommen, in welchen privatrechtlichen Beziehungen die Anwesenden oder einzelne von ihnen zu dem Versammlungsorte stehen. Durch die Auflösungserklärung wird eine ungesetzliche Art der Benutzung des Raumes durch Aufenthalt in ihm einem jeden, und somit auch dem Mieter, im staatlichen Interesse untersagt. In das Recht des Mieters auf Benutzung des Raumes wird durch die vorübergehende Maßregel sonst nicht eingegriffen."

6. Die Anwesenden müssen sich nach der Auflösungserklärung sofort entfernen.

a) „Sofort" heißt „mit tunlichster Beschleunigung", „unverzüglich", „ohne schuldhaftes Verzögern". In der Kommissionsberatung gab ein Vertreter des Reichsamts des Innern hierzu die Erklärung ab: Der Begriff „sofort" sei dahin zu verstehen, die Entfernung müsse mit derjenigen Beschleunigung erfolgen, die nach Lage der Verhältnisse tunlich sei. Entsprechend sei die gleiche Bestimmung in § 6 der preußischen Verordnung vom 11. März 1850 dahin ausgelegt worden; das „sofort" bedeutet dort: „mit tunlichster Beschleunigung". KomBer. S. 92, 93.

b) Die Verpflichtung, sich zu entfernen, ist eine unbedingte. Ein Recht auf Verhandeln darüber, ob die Aufforderung zu Recht ergangen ist, steht den Anwesenden nicht zu. Ebensowenig bedarf es einer besonderen Aufforderung, sich zu entfernen. „Der Ausspruch eines Abgeordneten der Polizeibehörde, durch welchen er die Versammlung für aufgelöst erklärt, enthält kraft Gesetzes die Aufforderung an alle Anwesenden, sich zu entfernen." Entsch. d. Reichsg. Bd. 40 S. 301. Dieser Grundsatz wird auch zu gelten haben, wenn die Auflösung der Versammlung vom Leiter oder Veranstalter ausgesprochen worden ist. (S. auch Anm. 4 und § 10 Anm. 1.)

c) Die Pflicht, sich zu entfernen, erstreckt sich auf sämtliche Räume, die der aufgelösten Versammlung zur Verfügung standen, z. B. auch auf den vor dem Versammlungsraum befindlichen Schankraum (Entsch. d. Preuß. Kammerger. v. 13. November 1893 in Goltdammers Archiv Bd. 41 S. 318; Groschuff S. 62), nicht aber auch auf Nebenräume, die vom Versammlungsraum völlig getrennt sind (Entsch. d. Reichsger. in Jurist. Wochenschrift 1894 S. 508). Soll nach Auflösung der Versammlung in deren Räumen eine gesellige Zusammenkunft stattfinden, so müssen sich die Beteiligten doch zuvor entfernen. Entsch. d. Preuß. Kammergerichts v. 13. November 1893 bei Goltdammer a. a. O.

7. Wer sich nach der Auflösungserklärung nicht sofort entfernt, macht sich strafbar nach § 18 Nr. 4. Aus welchem Grunde die Versammlung aufgelöst wurde, ob die Auflösung überhaupt aus gesetzlichen Gründen erfolgt ist, darauf kommt es für die Verpflichtung, sich sofort zu entfernen, nicht an. Auch wenn die Auflösung ohne gesetzlichen Grund erfolgt ist, macht sich derjenige, der sich nicht sofort entfernt, strafbar. Entsch. d. RG. Bd. 40 S. 301: „Die Wirksamkeit der Aufforderung ist eine unbedingte; sie tritt auch dann ein, wenn etwa die Aufforderung nicht mit Recht ergangen sein sollte." Daß die Anwesenden kein Recht haben, darüber zu verhandeln, ob die Aufforderung rechtmäßig erfolgt ist, wurde schon bemerkt (s. Anm. 6b). Die Auflösungs-

erklärung kann nur gemäß §§ 15, 2 Abs. 2 angefochten werden.

8. Natürlich darf die Entfernung von der Polizeibehörde auch durch Zwang, nötigenfalls durch Heranziehung der bewaffneten Macht, herbeigeführt werden. Dieses Recht der gewaltsamen Entfernung war bisher in einzelnen Bundesstaaten ausdrücklich gesetzlich festgesetzt. Vgl. z. B. § 6 der Preuß. Verordnung vom 11. März 1850, Art. 9 des Bayer. Gesetzes v. 26. Februar 1850, § 10 des Sächs. Gesetzes v. 22. November 1850, § 12 des Badischen Gesetzes v. 21. November 1867, § 6 der Mecklenburg-Schwerinschen Verordnung v. 2. Mai 1877, § 7 der Verordnung für Mecklenburg-Strelitz v. 19. Februar 1891, § 19 des Braunschweigischen Gesetzes v. 4. Juli 1853 usw. Der Aufnahme einer ausdrücklichen diesbezüglichen Vorschrift in das Reichsvereinsgesetz bedurfte es nicht, weil sich das Recht der Polizei, die Zurückbleibenden nötigenfalls im Zwangswege zu entfernen, aus allgemeinen Rechtsgrundsätzen ergibt. Vgl. hierzu § 14 Anm. 1 und 2.

9. Für die Frage, inwieweit die Polizeibehörde berechtigt ist, Teilnehmer einer Versammlung zu verhaften oder vorläufig festzunehmen, sind die Vorschriften in §§ 112 ff. der Strafprozeßordnung maßgebend. In Betracht kommen insbesondere folgende Bestimmungen:

§ 112. Der Angeschuldigte darf nur dann in Untersuchungshaft genommen werden, wenn dringende Verdachtsgründe gegen ihn vorhanden sind und entweder er der Flucht verdächtig ist oder Tatsachen vorliegen, aus denen zu schließen ist, daß er Spuren der Tat vernichten oder daß er Zeugen oder Mitschuldige zu einer falschen Aussage oder Zeugen dazu verleiten werde, sich der Zeugnispflicht zu entziehen. Diese Tatsachen sind aktenkundig zu machen.

Der Verdacht der Flucht bedarf keiner weiteren Begründung:

1. wenn ein Verbrechen den Gegenstand der Untersuchung bildet;
2. wenn der Angeschuldigte ein Heimatloser oder Landstreicher oder nicht im Stande ist, sich über seine Person auszuweisen;
3. wenn der Angeschuldigte ein Ausländer ist und gegründeter Zweifel besteht, daß er sich auf Ladung vor Gericht stellen und dem Urteile Folge leisten werde.

§ 113. Ist die Tat nur mit Haft oder mit Geldstrafe bedroht, so darf die Untersuchungshaft nur wegen Verdachts der Flucht und nur dann verhängt werden, wenn der Angeschuldigte zu den im § 112 Nr. 2 oder 3 bezeichneten Personen gehört, oder wenn derselbe unter Polizeiaufsicht steht, oder wenn es sich um eine Uebertretung handelt, wegen deren die Ueberweisung an die Landespolizeibehörde erkannt werden kann.

§ 114. Die Verhaftung erfolgt auf Grund eines schriftlichen Haftbefehls des Richters.

In dem Haftbefehl ist der Angeschuldigte genau zu bezeichnen und die ihm zur Last gelegte strafbare Handlung sowie der Grund der Verhaftung anzugeben.

Dem Angeschuldigten ist der Haftbefehl bei der Verhaftung und, wenn dies nicht tunlich ist, spätestens am Tage nach seiner Einlieferung in das Gefängnis, nach Vorschrift des § 35 bekannt zu machen und zu eröffnen, daß ihm das Rechtsmittel der Beschwerde zustehe.

§ 115. Der Verhaftete muß spätestens am Tage nach seiner Einlieferung in das Gefängnis durch einen Richter über den Gegenstand der Beschuldigung gehört werden.

§ 127. Wird Jemand auf frischer Tat betroffen oder verfolgt, so ist, wenn er der Flucht verdächtig ist oder seine Persönlichkeit nicht sofort festgestellt werden kann, Jedermann befugt, ihn auch ohne richterlichen Befehl vorläufig festzunehmen.

Die Staatsanwaltschaft und die Polizei- und Sicherheitsbeamten sind auch dann zur vorläufigen Festnahme befugt, wenn die Voraussetzungen eines Haftbefehls vorliegen und Gefahr im Verzug obwaltet.

Bei strafbaren Handlungen, deren Verfolgung nur auf Antrag eintritt, ist die vorläufige Festnahme von der Stellung eines solchen Antrags nicht abhängig.

§ 128. Der Festgenommene ist unverzüglich, sofern er nicht wieder in Freiheit gesetzt wird, dem Amtsrichter des Bezirks, in welchem die Festnahme erfolgt ist, vorzuführen. Der Amtsrichter hat ihn spätestens am Tage nach der Vorführung zu vernehmen.

Hält der Amtsrichter die Festnahme nicht für gerechtfertigt oder die Gründe derselben für beseitigt, so verordnet er die Freilassung. Anderenfalls erläßt er einen Haftbefehl, auf welchen die Bestimmungen des § 126 Anwendung finden.

10. Von den Vorschriften des Reichsstrafgesetzbuches seien hier noch die folgenden angeführt:

§ 113. Wer einem Beamten, welcher zur Vollstreckung von Gesetzen, von Befehlen und Anordnungen der Verwaltungsbehörden oder von Urteilen und Verfügungen der Gerichte berufen ist, in der rechtmäßigen Ausübung seines Amtes durch Gewalt oder durch Bedrohung mit Gewalt Widerstand leistet, oder wer einen solchen Beamten während der rechtmäßigen Ausübung seines Amtes tätlich angreift, wird mit Gefängnis von vierzehn Tagen bis zu zwei Jahren bestraft.

Sind mildernde Umstände vorhanden, so tritt Gefängnisstrafe bis zu Einem Jahre oder Geldstrafe bis zu eintausend Mark ein.

Dieselben Strafvorschriften treten ein, wenn die Handlung gegen Personen, welche zur Unterstützung des Beamten zugezogen waren, oder gegen Mannschaften der bewaffneten Macht, oder gegen Mannschaften einer Gemeinde-, Schutz- oder Bürgerwehr in Ausübung des Dienstes begangen wird.

§ 114. Wer es unternimmt, durch Gewalt oder Drohung eine Behörde oder einen Beamten zur Vornahme oder Unterlassung einer Amtshandlung zu nötigen, wird mit Gefängnis nicht unter drei Monaten bestraft.

Sind mildernde Umstände vorhanden, so tritt Gefängnißstrafe bis zu zwei Jahren ein.

§ 115. Wer an einer öffentlichen Zusammenrottung, bei welcher eine der in den §§ 113 und 114 bezeichneten Handlungen mit vereinten Kräften begangen wird, Teil nimmt, wird wegen Aufruhrs mit Gefängniß nicht unter sechs Monaten bestraft.

Die Rädelsführer, sowie diejenigen Aufrührer, welche eine der in den §§ 113 und 114 bezeichneten Handlungen begehen, werden mit Zuchthaus bis zu zehn Jahren bestraft; auch kann auf Zulässigkeit von Polizei-Aufsicht erkannt werden. Sind mildernde Umstände vorhanden, so tritt Gefängnisstrafe nicht unter sechs Monaten ein.

§ 116. Wird eine auf öffentlichen Wegen, Straßen oder Plätzen versammelte Menschenmenge von dem zuständigen Beamten oder Befehlshaber der bewaffneten Macht aufgefordert, sich zu entfernen, so wird jeder der Versammelten, welcher nach der dritten Aufforderung sich nicht entfernt, wegen Auflaufs mit Gefängnis bis zu drei Monaten oder mit Geldstrafe bis zu eintausendfünfhundert Mark bestraft.

Ist bei einem Auflaufe gegen die Beamten oder die bewaffnete Macht mit vereinten Kräften tätlicher Widerstand geleistet oder Gewalt verübt worden, so treten gegen diejenigen, welche an diesen Handlungen Theil genommen haben, die Strafen des Aufruhrs ein.

§ 17.

Personen, die das achtzehnte Lebensjahr noch nicht vollendet haben, dürfen nicht Mitglieder von politischen Vereinen sein und weder in den Versammlungen solcher Vereine, sofern es sich nicht um Veranstaltungen zu geselligen Zwecken handelt, noch in öffentlichen politischen Versammlungen anwesend sein.

1. Die Vorschrift befand sich nicht im Entwurfe; sie wurde von der Kommission in zweiter Lesung eingefügt. KomBer. S. 153. Nach dem Entwurfe sollten die jugendlichen Personen hinsichtlich der Beteiligung an Vereinen und Versammlungen keinerlei Beschränkungen unterliegen. Dieser Grundsatz wurde aber von der Mehrheit der Kommission nicht gebilligt, vielmehr das Beteiligungsrecht durch obige Bestimmung eingeschränkt. S. auch § 1 Anm. 6b.

2. Nach dem Gesetze ist den jugendlichen, noch nicht 18 Jahre alten Personen (männlichen und weiblichen Geschlechtes) nur die Mitgliedschaft an politischen Vereinen und die Teilnahme an deren, nicht geselligen Zwecken dienenden Versammlungen, sowie die Teilnahme an öffentlichen politischen Versammlungen verboten, im übrigen aber steht auch ihnen nach dem Gesetz das Vereins- und Versammlungsrecht ebenso wie allen anderen Reichsangehörigen zu. Es ist ihnen

also die Mitgliedschaft an allen nichtpolitischen Vereinen und die Teilnahme an nichtpolitischen öffentlichen oder nichtöffentlichen Versammlungen vereinsgesetzlich gestattet. Ueber die Frage, inwieweit ihnen aus anderen Gründen von dritter Seite eine Beschränkung dieses Rechts auferlegt werden kann, s. § 1 Anm. 8 S. 28, 29.

3. Wegen des Begriffes „politischer Verein" s. § 3 Anm. 1 bis 4; wegen des Begriffes „politische Versammlung" s. § 5 Anm. 4 und 5.

4. a) Die Uebertretung des Verbotes hat zunächst die Folge, daß nach § 18 Nr. 6 derjenige, welcher dem Verbote zuwider in einer nicht zu geselligen Zwecken veranstalteten Versammlung eines politischen Vereins oder in einer öffentlichen politischen Versammlung anwesend ist, sich strafbar macht. Die bloße Mitgliedschaft einer noch nicht 18 Jahre alten Person an einem politischen Vereine ist vom Gesetze nicht unter Strafe gestellt. Andrerseits macht sich nach § 18 Nr. 5 strafbar, wer als Vorstand oder als Mitglied des Vorstandes eines politischen Vereines Personen unter 18 Jahren in dem Vereine duldet. Dagegen ist die Duldung der Anwesenheit von Personen unter 18 Jahren in politischen Versammlungen weder für den Veranstalter noch für den Leiter der Versammlung noch sonstwie für strafbar erklärt. S. § 18 Anm. 8.

b) Andere als die vorangegebenen Folgen hat die Uebertretung des Verbotes nicht. Insbesondere bildet die Zugehörigkeit noch nicht 18 Jahre alter Personen zu politischen Vereinen oder ihre Teilnahme an politischen Versammlungen vereinsgesetzlich keinen Grund zur Auflösung des Vereines oder der Versammlung.

§ 18.

Mit Geldstrafe bis zu einhundertfünfzig Mark, an deren Stelle im Unvermögensfalle Haft tritt, wird bestraft:

1. wer als Vorstand oder als Mitglied des Vorstandes eines Vereins den Vorschriften über die Einreichung von Satzungen und Verzeichnissen (§ 3 Abs. 2 bis 4) zuwiderhandelt;
2. wer eine Versammlung ohne die durch §§ 5, 6, 7, 8, 9 dieses Gesetzes vorgeschriebene Anzeige oder Bekanntmachung veranstaltet oder leitet;
3. wer als Veranstalter oder Leiter einer Versammlung den Beauftragten der Polizeibehörde die Einräumung eines angemessenen Platzes verweigert (§ 13 Abs. 2);
4. wer sich nach Erklärung der Auflösung einer Versammlung nicht sofort entfernt (§ 16);
5. wer als Vorstand oder als Mitglied des Vorstandes eines Vereins entgegen den Vorschriften des § 17 dieses Gesetzes Personen, die das achtzehnte Lebensjahr noch nicht vollendet haben, in dem Vereine duldet;
6. wer entgegen den Vorschriften des § 17 dieses Gesetzes in einer Versammlung anwesend ist.

1. Die Vorschriften bildeten im Entwurf § 11 (S. KomBer. S. 162, 96, 97, 153, 154).

Die hier aufgeführten strafbaren Handlungen waren im Entwurfe, soweit sie dort überhaupt aufgeführt waren, mit Geldstrafe bis zu 600 Mark, im Unvermögensfalle mit Haft, oder mit Haft bedroht. Jetzt ist nur Geldstrafe bis zu 150 Mk. zulässig; nur im Unvermögensfalle darf an die Stelle der Geldstrafe Haft treten. Unmittelbar auf Haft zu erkennen, ist nicht zulässig. Der Mindestbetrag der Geldstrafe ist 1 Mk., ihr Höchstbetrag 150 Mk. Bei Umwandlung der Geldstrafe im Unvermögensfalle ist der Betrag von 1—15 M. einer eintägigen Haftstrafe gleich zu achten. Der Mindestbetrag der an die Stelle der Geldstrafe tretenden Haftstrafe ist ein Tag, ihr Höchstbetrag 6 Wochen (§ 29 RStrGB.).

2. Als Uebertretungen (§ 1 Abs. 3 RStrGB.) verjähren die Zuwiderhandlungen gegen § 18 in 3 Monaten (§ 67 Abs. 3 RStrGB.).

3. Zuständig sind die Schöffengerichte. § 27 Ziff. 1 GVG. Die Strafverfolgung liegt, sofern nicht auf Grund des Zusammenhanges der Sache mit einer anderen (StPO. §§ 2, 4) ein Gericht höherer Ordnung mit der Untersuchung befaßt wird, dem Amtsanwalt ob. GVG. § 143 Nr. 3; Loewe StPO. S. 44 Anm. 5.

Nach § 447 StPO. kann die Strafe auch durch schriftl. Strafbefehl des Amtsrichters ohne vorgängige Verhandlung festgesetzt werden, wenn die Staatsanwaltschaft schriftlich hierauf anträgt. Auch kann gemäß § 453 StPO. da, wo nach den Bestimmungen der Landesgesetze die Polizeibehörden befugt sind, eine in den Strafgesetzen angedrohte Strafe durch Verfügung festzusetzen, die Bestrafung in den durch § 453 a. a. O. und den durch die Landesgesetzgebung gezogenen Grenzen durch polizeil. Strafverfügung erfolgen (für Preußen Ges. v. 23. April 1883 — Geldstrafe bis zu 30 Mk.).

4. Zu Nr. 1.

Die Vorschrift wurde von der Kommission und dem Plenum des Reichstags in allen Lesungen unverändert angenommen. KomBer. S. 96, 100, 153, 154.

Nach § 3 Abs. 1 muß nur ein politischer Verein (s. § 3) einen Vorstand und eine Satzung haben; nach Abs. 2 bis 4 muß der Vorstand binnen 2 Wochen nach Gründung des Vereins die Satzung sowie das Verzeichnis der Vorstandsmitglieder, jede Aenderung der Satzung oder in der Zusammensetzung des Vorstandes binnen 2 Wochen nach dem Eintritt der Aenderung der für den Sitz des Vereines zuständigen Polizeibehörde in deutscher Fassung (soweit nicht Ausnahmen von der höheren Verwaltungsbehörde zugelassen sind) mitteilen. Vgl. hierzu § 3 Anm. 6, 7 und 8. Der Vorstand macht sich strafbar nach Nr. 1, wenn er auch nur einem dieser Erfordernisse zuwiderhandelt. Besteht der Vorstand aus mehreren Personen, so liegt die Erfüllung dieser Vorschriften jedem Vorstandsmitgliede in gleicher Weise ob und ist infolgedessen, solange die Verpflichtung nicht von einer Seite erfüllt ist, jedes Mitglied des Vorstandes in gleicher Weise strafbar. Wiederholung der Bestrafung ist bis zur Erfüllung der Verpflichtung zulässig.

Nur der Vorstand und die Vorstandsmitglieder sind strafbar, nicht auch die sonstigen Vereinsmitglieder.

5. Zu Nr. 2.

a) Unter der hier angeführten „Versammlung“ sind nur die in §§ 5, 6, 7, 8 und 9 erwähnten Versammlungen, das sind nur öffentliche politische (§ 5) Versammlungen, öffentliche Versammlungen unter freiem Himmel und Aufzüge auf öffentlichen Straßen oder Plätzen, zu verstehen. Vgl. wegen des Begriffes „öffentliche politische Versammlung“ § 5 Anm. 2 und 3, wegen des Begriffes „unter freiem Himmel“ § 7 Anm. 2b, wegen der Begriffe „Aufzug“ und „öffentliche Straßen oder Plätze“ § 7 Anm. 3a und b.

b) Anzeige und Bekanntmachung müssen den vom Gesetz für Inhalt und Form aufgestellten Erfordernissen genügen. Eine diesen Erfordernissen nicht entsprechende Anzeige oder Bekanntmachung gilt nicht als Erstattung der Anzeige und schließt die Bestrafung auf Grund der Vorschrift der Nr. 2 nicht aus.

Darüber, inwieweit die Bestimmung der Nr. 2 bezüglich der §§ 7, 9 in Widerspruch steht mit der Strafbestimmung in § 19 Nr. 1, siehe § 19 Anm. 4a.

Für die Frage der Strafbarkeit ist von Bedeutung die Erklärung, die ein Vertreter des Reichsamts des Innern bei der Kommissionsberatung auf Anfrage eines Kommissionsmitgliedes abgab:

„Wenn der Anmelder seinerseits alles getan habe, um die Anzeige ordnungsgemäß zu bewirken, so könne eine Bestrafung nicht deswegen eintreten, weil die Versammlung ohne die vorgeschriebene Anzeige abgehalten werde; denn es ermangele dann für die Strafbarkeit das Willensmoment. Wennschon bei Uebertretungen nach der Praxis Vorsatz Voraussetzung der Strafbarkeit nicht sei, so sei doch auch bei Uebertretungen das Verschuldungsprinzip maßgebend. Konkret ausgedrückt: wenn die Anmeldung rechtzeitig zur Post gegeben ist, kann eine Bestrafung wegen Nichtanmeldung nicht erfolgen." KomBer. S. 63.

c) Nur Veranstalter oder Leiter sind strafbar, nicht auch die sonstigen Teilnehmer.

6. Zu Nr. 3.

Unter „Versammlung" sind hier wie in Nr. 2 nur die in §§ 5, 6, 7, 8 und 9 erwähnten öffentlichen Versammlungen zu verstehen. S. Anm. 5a.

Nur die „Beauftragten" der Polizeibehörde haben nach § 13 Abs. 2 einen gesetzlichen Anspruch auf Einräumung eines angemessenen Platzes. Demgemäß macht auch nur die Verweigerung der Einräumung diesen Beauftragten gegenüber strafbar. Vgl. hierzu § 13 Anm. 6 und 7. Wegen des Begriffes „angemessener Platz" s. § 13 Anm. 5a und b.

7. Zu Nr. 4.

a) Nach § 16 sind „alle Anwesenden“ verpflichtet, sich, sobald eine Versammlung für aufgelöst erklärt ist, sofort zu entfernen. Vgl. hierzu § 16 Anm. 5. Demnach sind auch „alle Anwesenden“, die dieser Verpflichtung nicht nachkommen, nach Nr. 4 strafbar.

b) Wegen des Begriffes „sofort“ s. § 16 Anm. 6a. Eine besondere Aufforderung zur Entfernung braucht nicht zu erfolgen. S. § 16 Anm. 6b.

c) Darauf, ob die Aufforderung rechtmäßig, aus einem gesetzlichen Grunde erfolgt ist, kommt es für die Strafbarkeit nicht an. Vgl. hierzu § 16 Anm. 7.

d) Für die Verpflichtung der sofortigen Entfernung und des weiteren für die Strafbarkeit wegen nicht sofortiger Entfernung ist es gleichgültig, ob die Versammlung von den Beauftragten der Polizeibehörde (§ 14) oder vom Leiter oder Veranstalter der Versammlung (§ 10) für aufgelöst erklärt worden ist. S. § 16 Anm. 4 und 6b, § 10 Anm. 1.

e) Die Verpflichtung, sich sofort zu entfernen, erstreckt sich auch auf die mit dem Versammlungsraum zusammenhängenden Nebenräume. Vgl. hierzu aber § 16 Anm. 6c.

f) Erforderlich ist für die Strafbarkeit, daß der Betreffende von der Auflösungserklärung Kenntnis gehabt hat. Die Kenntnis wird vermutet. Vgl. hierzu § 14 Anm. 6. Caspar S. 84 Anm. 179.

8. Zu Nr. 5 und 6.

a) Die Vorschriften befanden sich nicht im Entwurf und wurden, entsprechend dem von der Kommission neugeschaffenen § 17, von der Kommission in zweiter Lesung eingefügt. KomBer. S. 154.

b) In Nr. 5 ist nur die Duldung noch nicht 18 Jahre alter Personen als Mitglieder von politischen Vereinen (s. § 5) unter Strafe gestellt. Als Duldung „in dem Vereine“ ist selbstredend auch die Duldung in den

Versammlungen dieser Vereine anzusehen. Dagegen ist die Duldung der Anwesenheit von Personen unter 18 Jahren in sonstigen politischen Versammlungen vom Gesetze nicht unter Strafe gestellt. „Duldung" liegt sowohl vor, wenn der Vorstand die Aufnahme in den Verein selbst vornimmt oder zuläßt, als auch, wenn er die Ausschließung oder Entfernung aus ihm unterläßt, trotzdem er wußte oder wissen konnte, daß die betreffende Person noch nicht 18 Jahre alt ist. Auch ein fahrlässiges Verschulden macht strafbar. Caspar S. 109 Anm. Wiederholung der Bestrafung ist zulässig, bis die „Duldung" aufhört, also bis die noch nicht 18 Jahre alte Person aus dem Verein entfernt ist. S. auch § 17 Anm. 4a.

d) In Nr. 6 ist für die noch nicht 18 Jahre alten Personen nur die Anwesenheit in den in § 17 bezeichneten „Versammlungen" unter Strafe gestellt, nicht aber die Zugehörigkeit (Mitgliedschaft) zu politischen Vereinen. S. auch § 17 Anm. 4a.

Auf die Dauer der Anwesenheit in der Versammlung kommt es für die Strafbarkeit nicht an.

§ 19.

Mit Geldstrafe bis zu dreihundert Mark, an deren Stelle im Unvermögensfalle Haft tritt, oder mit Haft wird bestraft:

1. wer eine Versammlung unter freiem Himmel oder einen Aufzug ohne die vorgeschriebene Anzeige oder Genehmigung (§§ 7, 9) veranstaltet oder leitet;
2. wer unbefugt in einer Versammlung oder in einem Aufzuge bewaffnet erscheint (§ 11);

3. **wer entgegen den Vorschriften des § 12 dieses Gesetzes eine öffentliche Versammlung veranstaltet, leitet oder in ihr als Redner auftritt.**

1. § 19 wurde von der Kommission neu eingefügt und zwar Nr. 1 und 2 in erster, Nr. 3 in zweiter Lesung. KomBer. S. 97, 100, 154, 155. Die Vorschriften in Nr. 1 und 2 bildeten im Entwurf die Nr. 2 und 3 des § 11, doch war dort anstatt der im Gesetze festgesetzten Geldstrafe bis zu dreihundert Mark eine solche bis zu sechshundert Mark vorgesehen.

2. a) Der Mindestbetrag der Geldstrafe ist eine Mark, ihr Höchstbetrag 300 Mk. Bei Umwandlung der Geldstrafe ist der Betrag von 1—15 Mk. einer eintägigen Haftstrafe gleich zu achten. Der Mindestbetrag der an die Stelle der Geldstrafe tretenden Haftstrafe ist ein Tag, ihr Höchstbetrag sechs Wochen (§ 29 RStrGB.). Wird unmittelbar auf Haft erkannt, so ist ihr Mindestbetrag ein Tag, ihr Höchstbetrag sechs Wochen (§ 18 RStrGB.).

b) Die Zuwiderhandlungen gegen § 19 sind Vergehen (§ 1 Abs. 2 RStrGB.) und verjähren nach § 67 Abs. 2, Schlußsatz in drei Jahren.

3. Zuständig sind die Schöffengerichte (§ 27 Nr. 2 GVG.). Die Strafverfolgung liegt, sofern nicht auf Grund des Zusammenhangs der Sache mit einer anderen (StPO. §§ 2, 4) ein Gericht höherer Ordnung mit der Untersuchung befaßt wird, dem Amtsanwalt ob (GVG. § 143 Nr. 3), Loewe, StPO. S. 44 Anm. 5.

Nach § 447 StPO. kann auch durch schriftlichen Strafbefehl des Amtsrichters ohne vorgängige Verhandlung eine Strafe festgesetzt werden, wenn die Staatsanwaltschaft schriftlich hierauf anträgt. Durch den Strafbefehl darf jedoch nur Geldstrafe von höchstens 150 Mk. oder Haftstrafe bis zu 6 Wochen festgesetzt werden.

4. Zu Nr. 1.

a) Die Vorschrift steht insofern im Widerspruch mit der Bestimmung im § 18 Nr. 2, als dort die Veranstaltung oder Leitung der in §§ 7, 9 bezeichneten Versammlungen ohne die durch §§ 7, 9 „vorgeschriebene Anzeige oder Bekanntmachung“ mit Geldstrafe bis zu einhundertundfünfzig Mark bedroht ist. Hier liegt augenscheinlich ein Versehen vor. Nach der Entstehung der Strafbestimmung muß angenommen werden, daß die Strafandrohung in § 19 Nr. 1 die vom Gesetzgeber gewollte ist. Nach dem Entwurf (§ 11) sollten alle Zuwiderhandlungen gegen Vorschriften des Vereinsgesetzes mit Geldstrafe bis zu 600 Mark, im Zahlungsunvermögensfalle mit Haft oder überhaupt mit Haft bestraft werden. In der Kommission wurde eine Zweiteilung dieser Bestimmung des Entwurfes vorgenommen. Es wurde unterschieden zwischen leichteren, ungefährlicheren Zuwiderhandlungen und schweren, d. h. solchen, die die öffentliche Ordnung und Sicherheit in höherem Maße zu gefährden geeignet seien. Die ersteren wurden nur mit Geldstrafe bis zu 150 Mark, die letzteren mit Geldstrafe bis zu 300 Mark oder mit Haft belegt. Zu den letzteren, d. h. denjenigen, die eine erheblichere Gefährdung der öffentlichen Ordnung und Sicherheit mit sich bringen, wurde in der Kommission allgemein die Abhaltung von Versammlungen unter freiem Himmel und von Aufzügen auf öffentlichen Straßen oder Plätzen ohne vorherige polizeiliche Genehmigung gerechnet und deshalb mit der schwereren Strafe von 300 Mark oder Haft bis zu 6 Wochen belegt. Vgl. hierzu KomBer. S. 96, 97, 98, 153, 154. Es kann hiernach keinem Zweifel unterliegen, daß für Zuwiderhandlungen gegen § 7 die in § 19 festgesetzte Strafbestimmung als die vom Gesetzgeber gewollte anzusehen und daher vom Strafrichter in Anwendung zu bringen ist.

b) Die Vorschrift bezieht sich nur auf öffentliche Versammlungen unter freiem Himmel oder auf

Aufzüge auf öffentlichen Straßen oder Plätzen. Das Nähere hierzu s. § 7 Anm. 1 bis 4.

5. Zu Nr. 2.

Unter der „Versammlung“ ist, wie schon der Hinweis auf § 11 ergibt, nur eine öffentliche Versammlung, unter dem „Aufzuge“ nur ein solcher auf öffentlichen Straßen oder Plätzen zu verstehen. Im übrigen vgl. hierzu § 11 Anm. 2, § 7 Anm. 3 a u. b.

Wegen des Begriffes „bewaffnet“ s. § 11 Anm. 4 a, b, c. „Unbefugt“ bewaffnet ist gemäß § 11 jeder, der nicht vermöge öffentlichen Berufes zum Waffentragen berechtigt oder zum Erscheinen mit Waffen behördlich ermächtig ist. Vgl. hierzu § 11 Anm. 5.

„Erscheint“ heißt „anwesend ist“. Die strafbare Handlung ist erfüllt, sobald die betreffende Person unbefugt in der Versammlung oder in dem Aufzuge bewaffnet erscheint. Daß sie aufgefordert sei, die Waffen abzulegen oder sich zu entfernen, ist nicht Voraussetzung für die Anwendung der Strafbestimmung.

6. Zu Nr. 3.

Nach § 12 sind öffentliche Versammlungen in deutscher Sprache zu führen; in Abs. 2, 3 und 4 sind die zulässigen Ausnahmen vorgesehen. Wer, ohne daß ein solcher Ausnahmefall vorliegt, eine öffentliche Versammlung in nicht deutscher Sprache veranstaltet oder leitet, macht sich strafbar nach Nr. 3.

Als „Veranstalter“ ist derjenige anzusehen, der die Versammlung einberuft.

„Redner.“ Auch eine kurze Ansprache sowie der Ausstoß von Zwischenrufen sind als „Rede“ anzusehen.

§ 20.

Die Vorschriften dieses Gesetzes finden keine Anwendung auf die durch das Gesetz oder die zuständigen Behörden angeordneten Versammlungen.

1. Die Vorschrift entspricht dem § 12 des Entwurfs; sie wurde von der Kommission und dem Plenum des Reichstages in allen Lesungen unverändert angenommen. KomBer. S. 104, 155, StenBer. d. Reichst. S. 4728 D, 4837 C.

2. Unter die durch das Gesetz angeordneten Versammlungen, auf die das Vereinsgesetz keine Anwendung findet, fallen vor allem die Parlamente, die Versammlungen der kommunalen Körperschaften sowie der öffentlichen Verbände (Begründung S. 39).

3. Die Vorschriften des Vereinsgesetzes finden ferner keine Anwendung auf die Versammlungen kirchlicher Körperschaften (Kirchenvorstände, Presbyterien, Gemeindekirchenräte usw.). Dies geht hervor aus § 24, wonach die landesgesetzlichen Vorschriften über kirchliche und religiöse Versammlungen unberührt bleiben. Es bedurfte daher keiner besonderen Anführung der kirchlichen Versammlungen in § 20. Das wurde auch in der Kommission betont. KomBer. S. 102. S. auch § 24 Anm. 2.

§ 21.

Welche Behörden unter der Bezeichnung „Polizeibehörde", „untere Verwaltungsbehörde" und „höhere Verwaltungsbehörde" zu verstehen sind, bestimmt die Landeszentralbehörde.

1. § 21 entspricht dem § 13 des Entwurfs. In diesem war aber nur von der „Polizeibehörde" die Rede. Die Worte „untere Verwaltungsbehörde" und „höhere Verwaltungsbehörde" wurden von der Kommission, entsprechend früheren Zusätzen (§ 3 Abs. 4, § 12 Abs. 3), hinzugefügt. KomBer. S. 105, 155.

2. In der Kommission wurde bei der Beratung dieses Paragraphen angefragt, ob mit der Vorschrift beabsichtigt sei, eine Aenderung der Rechtszustände in Preußen, insbesondere der Organisation der Verwaltungsbehörden, herbeizuführen bezw. zu ermöglichen, oder ob § 13 (Gesetz § 21) nur Rücksicht nehme auf die verschiedenen Rechtszustände in den Bundesstaaten.

Der Staatssekretär des Innern erwiderte:

Die letztere Alternative sei richtig. Das Gesetz könne eine einheitliche Bezeichnung der zuständigen Polizeibehörde nicht geben wegen der Verschiedenheiten in den Bundesstaaten. Deshalb überlasse § 13 (Gesetz § 21) die Deklaration dessen, was unter Polizeibehörde zu verstehen sei, der Landeszentralbehörde. Für Preußen solle an dem jetzigen Rechtszustand nichts geändert werden. KomBer. S. 105.

§ 22.

An die Stelle des § 72 des Bürgerlichen Gesetzbuchs tritt folgende Vorschrift:

Der Vorstand hat dem Amtsgericht auf dessen Verlangen jederzeit eine von ihm vollzogene Bescheinigung über die Zahl der Vereinsmitglieder einzureichen.

§ 22 entspricht dem § 14 des Entwurfs.

1. Von dem Grundsatz, daß das Gesetz ausschließlich die öffentlich-rechtliche Seite des Vereins- und Versammlungsrechtes regeln will (s. S. 19), bildet eine Ausnahme die Vorschrift des § 22. Nach § 72 BGB. hat der Vorstand eines eingetragenen Vereines dem Amtsgericht auf dessen Verlangen jederzeit ein Verzeichnis der Vereinsmitglieder einzureichen. Nachdem das Gesetz auf die Verpflichtung der Vereine zur Einreichung des Mitgliederverzeichnisses allgemein verzichtet hatte (vgl.

hierzu S. 47 Anm. 7c zu § 3), erschien schon vom Standpunkte der Gerechtigkeit und Billigkeit aus die Aufhebung jener die eingetragenen Vereine betreffenden Sondervorschrift geboten. In der Begründung des Entwurfes heißt es hierzu (S. 39): Erkennt man die gegen den Zwang zur Vorlage des Mitgliederverzeichnisses sprechenden Bedenken als gerechtfertigt und den Verzicht auf die Einreichung als zweckmäßig an (Begründung zu § 2 des Entwurfs [§ 3 des Gesetzes] s. S. 47), so wird auch eine Aenderung des § 72 BGB. erforderlich, da andernfalls künftig die Mitglieder der eingetragenen Vereine in eine ungünstigere Lage kommen würden als die Mitglieder derjenigen Vereine, welche auf den Erwerb der Rechtsfähigkeit verzichten. Aus der Stellung des Amtsgerichts gegenüber den eingetragenen Vereinen ergibt sich kein Grund für die Beibehaltung der Verpflichtung zur Einreichung des Mitgliederverzeichnisses, da diese, wie die Denkschrift zum Entwurf eines Bürgerlichen Gesetzbuchs (Drucksachen des Reichstags 9. Legislaturperiode, IV. Session 1895/97, Nr. 87, S. 611) ausführt, lediglich wegen der Befugnisse des Amtsgerichts bei Berufung der Mitgliederversammlung und bei Herabsinken der Mitgliederzahl unter eine gewisse Grenze vorgeschrieben ist. Für die Prüfung dieser Fragen muß aber dem Amtsgerichte die Kenntnis der Zahl der Mitglieder genügen.

§ 22 wurde von der Kommission und dem Plenum des Reichstages in sämtlichen Lesungen ohne Erörterung unverändert angenommen. S. KomBer. S. 105, 155, StenBer. d. Reichst. S. 4729 A, 4837 C.

2. Die hier dem Vorstande auferlegte Verpflichtung bezieht sich nur auf solche Vereine, die in das Vereinsregister eingetragen sind. BGB §§ 55 ff. S. Anhang S. 150 ff. Vor der Eintragung ist die Verpflichtung zur Einreichung nicht begründet. Auch kann die Eintragung des Vereins in das Vereinsregister nicht von der Einreichung abhängig gemacht werden.

3. **Nur über die Zahl der Vereinsmitglieder** hat der Vorstand die von ihm unterschriebene Bescheinigung dem Amtsgericht einzureichen, ein Mehr braucht die Bescheinigung nicht zu enthalten, insbesondere nicht die Namen der Mitglieder, Bezeichnung des Vorstandes usw.

4. Die Verpflichtung des Vorstandes ist keine unbedingte, sondern **abhängig von dem Verlangen** des Amtsgerichts.

5. Die Nichterfüllung der hier dem Vorstande auferlegten Verpflichtung ist vom Gesetze nicht mit Strafe bedroht. Nach § 78 BGB. können aber die Mitglieder des Vorstandes zur Befolgung der Vorschrift vom Amtsgericht durch **Ordnungsstrafen** angehalten werden. Die einzelne Strafe darf den Betrag von dreihundert Mark nicht übersteigen. Für das **Verfahren** bei Verhängung der Ordnungsstrafe sind die Vorschriften in §§ 33, 159, 127, 132—139 des Gesetzes über die Angelegenheiten der freiwilligen Gerichtsbarkeit vom 17. Mai 1898 (RGBl. S. 189 ff. u. S. 771 ff.) maßgebend.

§ 23.

Aufgehoben werden:

der § 17 Abs. 2 des Wahlgesetzes für den deutschen Reichstag vom 31. Mai 1869 (Bundes-Gesetzbl. S. 145, Reichs-Gesetzbl. 1873 S. 163),

der § 2 Abs. 2 des Einführungsgesetzes zum Strafgesetzbuche für das Deutsche Reich vom 31. Mai 1870 (Bundes-Gesetzbl. S. 195, Reichs-Gesetzbl. 1871 S. 127), soweit er sich auf die besonderen Vorschriften des Landesstrafrechts über Mißbrauch des Vereins- und Versammlungsrechts bezieht, der § 6 Abs. 2 Nr. 2 des Einführungsgesetzes zur Strafprozeßordnung vom 1. Februar 1877 (Reichs-Gesetzbl. S. 346).

Die sonstigen reichsgesetzlichen Vorschriften über Vereine und Versammlungen bleiben in Kraft.

1. § 23 entspricht dem § 15 des Entwurfs. Er wurde sowohl von der Kommission wie auch vom Plenum des Reichstages in allen Lesungen unverändert angenommen. KomBer. S. 107, 155; StenBer. S. 4733, 4837.

Zu Abs. 1.

2. Nur Absatz 2 des § 17 des Wahlgesetzes für den deutschen Reichstag vom 31. Mai 1869 ist aufgehoben. Dieser aufgehobene Absatz lautete: „Die Bestimmungen der Landesgesetze über die Anzeige der Versammlungen und Vereine, sowie über die Ueberwachung derselben bleiben unberührt."

In Kraft geblieben ist aber der Absatz 1 des § 17: „Die Wahlberechtigten haben das Recht, zum Betrieb der den Reichstag betreffenden Wahlangelegenheiten Vereine zu bilden und in geschlossenen Räumen unbewaffnet öffentliche Versammlungen zu veranstalten."

3. In dem nunmehr aufgehobenen Absatz 2 des § 2 des Einführungsgesetzes zum Strafgesetzbuche für das Deutsche Reich vom 31. Mai 1870 war bestimmt worden, daß die besonderen Vorschriften des Reichs- und Landesstrafrechts über Mißbrauch des Vereins- und Versammlungsrechts in Kraft bleiben.

4. Nach der Vorschrift in Nr. 2 Abs. 2 des § 6 des Einführungsgesetzes zur Strafprozeßordnung v. 1. Februar 1877 sollten unberührt bleiben die landesgesetzlichen Bestimmungen über das Verfahren bei Zuwiderhandlungen gegen die Gesetze über das Vereins- und Versammlungsrecht. Diese Vorschrift ist nunmehr aufgehoben.

Zu Abs. 2.

5. a) Alle übrigen reichsgesetzlichen Vorschriften über Vereine und Versammlungen, die nicht durch Abs. 1 aufgehoben worden sind, bleiben nach Abs. 2 neben dem Vereinsgesetze in Kraft. Als die sonstigen Geltung behaltenden reichsgesetzlichen Vorschriften kommen besonders in Betracht:

1. der Artikel 68 der Reichsverfassung, wonach für den Umfang des Reichs mit Ausnahme von Bayern (Bündnisvertrag vom 23. November 1870 unter III § 5, Reichsverfassung, Schlußbestimmung zum XI. Abschnitte) nach Maßgabe der Vorschriften des preußischen Gesetzes vom 4. Juni 1851 (Gesetzsamml. S. 451), wenn die Sicherheit in dem Bundesgebiete bedroht ist, durch Erklärung des Kriegszustandes die Bestimmungen der Vereinsgesetze zeit- und distriktweise außer Kraft gesetzt werden können;

2. § 17 Abs. 1 des Wahlgesetzes für den deutschen Reichstag vom 31. Mai 1869 (Bundes-Gesetzbl. 1869 S. 145, Reichs-Gesetzbl. 1873 S. 163), wonach die Wahlberechtigten das Recht haben, zum Betriebe der den Reichstag betreffenden Wahlangelegenheiten Vereine zu bilden und in geschlossenen Räumen unbewaffnet öffentliche Versammlungen zu veranstalten (s. Anm. 2);

3. die Vorschrift des Reichsgesetzes, betreffend den Orden der Gesellschaft Jesu, vom 4. Juli 1872 (Reichs-Gesetzbl. S. 253), wonach dem Orden der Gesellschaft Jesu und den ihm verwandten Orden und ordensähnlichen Kongregationen die Errichtung von Niederlassungen im Gebiete des Deutschen Reichs untersagt ist;

4. § 49 des Reichs-Militärgesetzes vom 2. Mai 1874 (RGBl. S. 45), wonach den zum aktiven Heere gehörigen Militärpersonen die Teilnahme an politischen Vereinen und Versammlungen untersagt wird, sowie die §§ 101,

113 des Militär-Strafgesetzbuchs für das Deutsche Reich, vom 20. Juni 1872 (RGBl. S. 174) über das Verbot der Veranstaltung von Versammlungen von Personen des Soldatenstandes behufs Beratung über militärische Angelegenheiten oder Einrichtungen sowie der Beteiligung an solchen Versammlungen auch durch Personen des Beurlaubtenstandes;

5. die Vorschriften des Strafgesetzbuchs für das Deutsche Reich vom 31. Mai 1870 (BGBl. S. 195, RGBl. 1871 S. 127), wonach mit Strafe bedroht wird,

a) (§ 110) wer öffentlich vor einer Menschenmenge zum Ungehorsam gegen Gesetze oder rechtsgültige Verordnungen oder gegen die von der Obrigkeit innerhalb ihrer Zuständigkeit getroffenen Anordnungen auffordert,

b) (§ 111) wer auf die vorbezeichnete Weise zur Begehung einer strafbaren Handlung auffordert,

c) (§ 115) wer an einer öffentlichen Zusammenrottung teilnimmt, bei der Widerstand oder tätlicher Angriff gegen Beamte (§ 113) oder Nötigung zur Vornahme oder Unterlassung einer Amtshandlung (§ 114) mit vereinten Kräften begangen wird,

d) (§ 116) wer sich nach der dritten Aufforderung nicht entfernt, wenn eine auf öffentlichen Wegen, Straßen oder Plätzen versammelte Menschenmenge von dem zuständigen Beamten oder Befehlshaber der bewaffneten Macht aufgefordert wird, sich zu entfernen,

e) (§ 124) wer daran teilnimmt, wenn sich eine Menschenmenge öffentlich zusammenrottet und in der Absicht, Gewalttätigkeiten gegen Personen oder Sachen mit vereinten Kräften zu begehen, in die Wohnung, in die Geschäftsräume oder in das befriedete Besitztum eines anderen oder in abgeschlossene Räume, die zum öffentlichen Dienste bestimmt sind, widerrechtlich eindringt,

f) (§ 125) wer daran teilnimmt, wenn sich eine Menschenmenge öffentlich zusammenrottet und mit vereinten Kräften gegen Personen oder Sachen Gewalttätigkeiten begeht,

g) (§ 127) wer unbefugterweise einen bewaffneten Haufen bildet oder befehligt oder eine Mannschaft, von der er weiß, daß sie ohne gesetzliche Befugnis gesammelt ist, mit Waffen oder Kriegsbedürfnissen versieht, oder sich einem solchen bewaffneten Haufen anschließt,

h) (§ 128) wer an einer Verbindung teilnimmt, deren Dasein, Verfassung oder Zweck vor der Staatsregierung geheim gehalten werden soll, oder in welcher gegen unbekannte Obere Gehorsam oder gegen bekannte Obere unbedingter Gehorsam versprochen wird, und

i) (§ 129) wer an einer Verbindung teilnimmt, zu deren Zwecken oder Beschäftigungen gehört, Maßregeln der Verwaltung oder die Vollziehung von Gesetzen durch ungesetzliche Mittel zu verhindern oder zu entkräften;

6. § 81 des Reichsgesetzes, betreffend die Erwerbs- und Wirtschaftsgenossenschaften, vom 1. Mai 1889, in der Fassung der Bekanntmachung vom 14. Juni 1898 (RGBl. S. 810), wonach eine Genossenschaft, wenn sie sich gesetzwidriger Handlungen oder Unterlassungen schuldig macht, durch welche das Gemeinwohl gefährdet wird, oder wenn sie andere als die im § 1 des Gesetzes bezeichneten geschäftlichen Zwecke verfolgt, ohne Anspruch auf Entschädigung aufgelöst werden kann, sowie § 149 daselbst, wonach Mitglieder des Vorstandes bestraft werden, wenn ihre Handlungen auf andere, als die im § 1 erwähnten geschäftlichen Zwecke gerichtet sind, oder wenn sie in der Generalversammlung die Erörterung von Anträgen gestatten oder nicht hindern, die auf öffentliche Angelegenheiten gerichtet sind, deren Erörterung unter die Gesetze über das Versammlungs- und Vereinsrecht fällt;

7. § 62 des Reichgesetzes, betreffend die Gesellschaften mit beschränkter Haftung, vom 20. April 1892, in der Fassung der Bekanntmachung vom 20. Mai 1898 (RGBl. S. 846), wonach eine Gesellschaft ohne Anspruch auf Entschädigung aufgelöst werden kann, wenn sie das Gemeinwohl dadurch gefährdet, daß die Gesellschafter gesetzwidrige Beschlüsse fassen oder gesetzwidrige Handlungen der Geschäftsführer wissentlich geschehen lassen;

8. das Reichsgesetz, betreffend das Vereinswesen, vom 11. Dezember 1899 (RGBl. S. 699), dessen einziger Artikel bestimmt, daß inländische Vereine jeder Art miteinander in Verbindung treten dürfen und entgegenstehende landesgesetzliche Bestimmungen aufgehoben sind.

b) Auch die Vorschriften des Bürgerlichen Gesetzbuches (§§ 21—79) über die Vereine bleiben in Kraft (§ 72 in der durch § 22 des Vereinsgesetzes abgeänderten Form). Dies ergibt sich ohne weiteres daraus, daß das Vereinsgesetz nur die öffentlich-rechtliche Seite des Vereinsrechts regelt, dagegen die privatrechtliche außer Betracht läßt. S. § 1 Anm. 2.

§ 24.

Unberührt bleiben:

die Vorschriften des Landesrechts über kirchliche und religiöse Vereine und Versammlungen, über kirchliche Prozessionen, Wallfahrten und Bittgänge sowie über geistliche Orden und Kongregationen,

die Vorschriften des Landesrechts in bezug auf Vereine und Versammlungen für die Zeiten der Kriegsgefahr, des Krieges, des erklärten

Kriegs-(Belagerungs-)Zustandes oder innerer Unruhen (Aufruhrs),

die Vorschriften des Landesrechts in bezug auf Verabredungen ländlicher Arbeiter und Dienstboten zur Einstellung oder Verhinderung der Arbeit,

die Vorschriften des Landesrechts zum Schutze der Feier der Sonn- und Festtage; jedoch sind für Sonntage, die nicht zugleich Festtage sind, Beschränkungen des Versammlungsrechts nur bis zur Beendigung des vormittägigen Hauptgottesdienstes zulässig.

1. Das Gesetz will das öffentliche Vereins- und Versammlungsrecht gleichmäßig für das Reich regeln und läßt für die Landesgesetzgebung nur in den bestimmten, in § 24 genau bezeichneten Fällen Raum. S. § 1 Anm. 3.

§ 24 entspricht dem § 16 des Entwurfs. Bei der Kommissionsberatung wurde Abs. 3 geändert (s. Anm. 3), im übrigen aber der Paragraph von der Kommission und dem Plenum des Reichstages in allen Lesungen unverändert angenommen. S. KomBer. S. 110, 156; StenBer. S. 4733, 4837.

2. In der Begründung des Entwurfes ist zu den einzelnen Bestimmungen ausgeführt (I. allgemeiner Teil S. 20):

Mit Rücksicht auf die verschiedenartige Stellung der einzelnen Bundesstaaten zur Kirche fallen nicht in den Rahmen des Entwurfs die landesrechtlichen Vorschriften über kirchliche und religiöse Vereine und Versammlungen, über kirchliche Prozessionen, Wallfahrten und Bittgänge, sowie über geistliche Orden und

Kongregationen, solange diese ihr eigentliches Gebiet nicht verlassen.

Da mit den sonstigen reichsgesetzlichen Vorschriften über Vereine und Versammlungen auch der Artikel 68 der Reichsverfassung, soweit er vereinsrechtlicher Natur ist, in Kraft bleibt, kann der Kaiser auch in Zukunft für das Reich (ausgenommen Bayern, Bündnisvertrag vom 23. November 1870 unter III § 5 und Schlußprotokoll von demselben Tage) oder einen Teil des Reichs bei Erklärung des Kriegszustandes unter Aufhebung der entsprechenden reichsgesetzlichen Vorschriften jede Beschränkung oder Aufhebung der Vereins- oder Versammlungsfreiheit verordnen. Außerdem muß den Bundesstaaten auch fernerhin die Möglichkeit der Erklärung des Belagerungszustandes mit Wirkung auf das Vereins- und Versammlungsrecht gewahrt bleiben; es ist deshalb ein entsprechender Vorbehalt in § 16 des Entwurfs aufgenommen worden. Für Bayern greifen die landesgesetzlichen Bestimmungen ohne weiteres Platz.

Der Anregung, bei dieser Gelegenheit auch eine Regelung des sogenannten Koalitionsrechts vorzunehmen, ist der Entwurf nicht gefolgt, da er hiermit ein dem eigentlichen Vereins- und Versammlungsrechte formell und materiell ungleichartiges Rechtsgebiet betreten würde. Die Vorschriften der §§ 152, 153, 154a der Gewerbeordnung, die von den Befugnissen der darin genannten Personenkreise in bezug auf Verabredungen und Vereinigungen zum Behuf der Erlangung günstiger Lohn- und Arbeitsbedingungen handeln, werden daher durch den Entwurf nicht berührt. Vgl. hierzu auch § 1 Anm. 14.

Ebensowenig gehören Bestimmungen, wie die für die älteren Provinzen Preußens bestehende Vorschrift des § 3 des Gesetzes, betreffend die Verletzungen der Dienstpflichten des Gesindes und der ländlichen Arbeiter, vom 24. April 1854 (Gesetzsamml. S. 214), oder die dieser nachgebildeten Vorschriften anderer Bundesstaaten

(§ 6 des anhaltischen Gesetzes, betreffend den Vertragsbruch in landwirtschaftlichen Arbeitsverhältnissen, vom 16. April 1899 — Gesetzsamml. Nr. 1036 — und § 5 des Gesetzes für das Fürstentum Reuß jüngerer Linie vom 12. Mai 1900, betreffend die Bekämpfung des Vertragsbruchs landwirtschaftlicher Arbeiter und Arbeitgeber, Gesetzsamml. Nr. 605), dem von dem Entwurfe geregelten Gebiete des Vereins- und Versammlungsrechts an. Diese Vorschriften bedrohen lediglich bestimmte Verabredungen ländlicher Arbeiter und Dienstboten mit Strafe. Ihr Tatbestand kann zwar innerhalb des Rahmens von Vereinen und Versammlungen erfüllt werden, die unter Strafe gestellten Verabredungen und Aufforderungen können aber ebensowohl in anderen Formen stattfinden; daraus ergibt sich, daß jene Vorschriften keineswegs ohne weiteres materiell dem Vereins- und Versammlungsrecht angehören. Um indessen jeden Zweifel darüber auszuschließen, daß der Entwurf nicht beabsichtigt, gesetzliche Normen dieser Art zu berühren, ist in § 16 eine entsprechende Bestimmung aufgenommen.

Endlich läßt der Entwurf die landesrechtlichen Vorschriften zum Schutze der Feier der Sonn- und Festtage unberührt, trägt aber durch die gewählte Beschränkung den Interessen des Versammlungsrechts und tunlichster Rechtseinheit Rechnung.

3. Abs. 3 hatte im Entwurf folgende Fassung: „unberührt bleiben die Vorschriften des Landesrechtes in bezug auf Verbindungen und Verabredungen ländlicher Arbeiter und Dienstboten“. Von der Kommission wurden zunächst in erster Lesung die Worte „Verbindungen und“ gestrichen und sodann in zweiter Lesung am Schluß die Worte „zur Einstellung oder Verhinderung der Arbeit“ hinzugefügt. KomBer. S. 108, 110, 156.

Zu dem Inhalt dieser Vorschrift bemerkte der Staatssekretär des Reichsamts des Innern bei der Kommissionsberatung noch (KomBer. S. 109), sie sei nicht bestimmt, dem Koalitionsrechte der ländlichen Arbeitnehmer weitere Beschränkungen aufzuerlegen. Nur die bestehenden Vorschriften sollten aufrecht erhalten werden.

4. Zu Abs. 4 war in der Kommission beantragt, die Worte: „die nicht zugleich Festtage sind" zu streichen. KomBer. S. 108. Demgegenüber bemerkte ein Vertreter der verbündeten Regierungen: Indem der Entwurf in § 16 die Vorschriften des Landesrechts zum Schutze der Feier der Sonn- und Festtage unberührt lasse, füge er im Interesse der ungehinderten Ausübung des Versammlungsrechtes die Bestimmung hinzu, daß an gewöhnlichen Sonntagen Beschränkungen dieses Versammlungsrechtes nur bis zur Beendigung des vormittätigen Hauptgottesdienstes zulässig sein sollen. Durch den Zusatz: „die nicht zugleich Festtage sind" solle dort, wo etwa örtliche Gewohnheiten dieses wünschenswert erscheinen lassen, im Interesse der ungestörten Feier aller hohen kirchlichen Festtage die Möglichkeit eines weitergehenden Schutzes erhalten bleiben. Eine Streichung dieser Worte würde die innerlich nicht begründete Folge haben, daß diese weitergehenden Beschränkungen nur an solchen Festtagen möglich sind, die nicht auf einen Sonntag fallen. Der Antrag auf Streichung der angegebenen Worte wurde dann abgelehnt. KomBer. S. 109.

5. Im übrigen ist die Vorschrift des § 16 dahin auszulegen, daß die Landesgesetzgebungen auch das Recht behalten, auf den von dem Reichsvereinsgesetz unberührt gelassenen Gebieten und innerhalb derselben bis zur reichsgesetzlichen Regelung neue Vorschriften zu erlassen, die bestehenden zu ergänzen, aufzuheben oder abzuändern. Nur dürfen sie nach dem Satze: „Reichsrecht bricht Landesrecht" nicht mit einer Vorschrift des Reichs-

vereinsgesetzes oder eines anderen Reichsgesetzes im Widerspruch stehen.

§ 25.

Dieses Gesetz tritt am 15. Mai 1908 in Kraft.

Der Zeitpunkt des Inkrafttretens des Gesetzes beruht auf dem Beschlusse des Reichstages in zweiter Lesung. StenBer. 4739 A, 4740 A.

Mit dem Tage des Inkrafttretens des Gesetzes verlieren alle vereins- und versammlungsrechtlichen Vorschriften der Landesgesetzgebung, soweit sie nicht durch § 24 ausdrücklich aufrecht erhalten sind, ihre Geltung.

III.

Anhang.

Die Vorschriften des Bürgerlichen Gesetzbuches über die Vereine.

1. Allgemeine Vorschriften.

§ 21. Ein Verein, dessen Zweck nicht auf einen wirtschaftlichen Geschäftsbetrieb gerichtet ist, erlangt Rechtsfähigkeit durch Eintragung in das Vereinsregister des zuständigen Amtsgerichts.

§ 22. Ein Verein, dessen Zweck auf einen wirtschaftlichen Geschäftsbetrieb gerichtet ist, erlangt in Ermangelung besonderer reichsgesetzlicher Vorschriften Rechtsfähigkeit durch staatliche Verleihung. Die Verleihung steht dem Bundesstaate zu, in dessen Gebiete der Verein seinen Sitz hat.

§ 23. Einem Vereine, der seinen Sitz nicht in einem Bundesstaate hat, kann in Ermangelung besonderer reichsgesetzlicher Vorschriften Rechtsfähigkeit durch Beschluß des Bundesrats verliehen werden.

§ 24. Als Sitz eines Vereins gilt, wenn nicht ein Anderes bestimmt ist, der Ort, an welchem die Verwaltung geführt wird.

§ 25. Die Verfassung eines rechtsfähigen Vereins wird, soweit sie nicht auf den nachfolgenden Vorschriften beruht, durch die Vereinssatzung bestimmt.

§ 26. Der Verein muß einen Vorstand haben. Der Vorstand kann aus mehreren Personen bestehen.

Der Vorstand vertritt den Verein gerichtlich und außergerichtlich; er hat die Stellung eines gesetzlichen Vertreters. Der Umfang seiner Vertretungsmacht kann durch die Satzung mit Wirkung gegen Dritte beschränkt werden.

§ 27. Die Bestellung des Vorstandes erfolgt durch Beschluß der Mitgliederversammlung.

Die Bestellung ist jederzeit widerruflich, unbeschadet des Anspruchs auf die vertragsmäßige Vergütung. Die Widerruflichkeit kann durch die Satzung auf den Fall beschränkt werden, daß ein wichtiger Grund für den Widerruf vorliegt; ein solcher Grund ist insbesondere grobe Pflichtverletzung oder Unfähigkeit zur ordnungsmäßigen Geschäftsführung.

Auf die Geschäftsführung des Vorstandes finden die für den Auftrag geltenden Vorschriften der §§ 664—670 entsprechende Anwendung.

§ 28. Besteht der Vorstand aus mehreren Personen, so erfolgt die Beschlußfassung nach den für die Beschlüsse der Mitglieder des Vereins geltenden Vorschriften der §§ 32, 34.

Ist eine Willenserklärung dem Vereine gegenüber abzugeben, so genügt die Abgabe gegenüber einem Mitgliede des Vorstandes.

§ 29. Soweit die erforderlichen Mitglieder des Vorstandes fehlen, sind sie in dringenden Fällen für die Zeit bis zur Hebung des Mangels auf Antrag eines Beteiligten von dem Amtsgerichte zu bestellen, in dessen Bezirke der Verein seinen Sitz hat.

§ 30. Durch die Satzung kann bestimmt werden, daß neben dem Vorstande für gewisse Geschäfte besondere Vertreter zu bestellen sind. Die Vertretungsmacht eines solchen Vertreters erstreckt sich im Zweifel auf alle Rechtsgeschäfte, die der ihm zugewiesene Geschäftskreis gewöhnlich mit sich bringt.

§ 31. Der Verein ist für den Schaden verantwortlich, den der Vorstand, ein Mitglied des Vorstandes oder ein anderer verfassungsmäßig berufener Vertreter durch eine in Ausführung der ihm zustehenden Verrichtungen begangene, zum Schadensersatze verpflichtende Handlung einem Dritten zufügt.

§ 32. Die Angelegenheiten des Vereins werden, soweit sie nicht von dem Vorstand oder einem anderen Vereinsorgane zu besorgen sind, durch Beschlußfassung in einer Versammlung der Mitglieder geordnet. Zur Gültigkeit des Beschlusses ist erforderlich, daß der Gegenstand bei der Berufung bezeichnet wird. Bei der Beschlußfassung entscheidet die Mehrheit der erschienenen Mitglieder.

Auch ohne Versammlung der Mitglieder ist ein Beschluß gültig, wenn alle Mitglieder ihre Zustimmung zu dem Beschlusse schriftlich erklären.

§ 33. Zu einem Beschlusse, der eine Änderung

der Satzung enthält, ist eine Mehrheit von drei Vierteilen der erschienenen Mitglieder erforderlich. Zur Aenderung des Zweckes des Vereins ist die Zustimmung aller Mitglieder erforderlich; die Zustimmung der nicht erschienenen Mitglieder muß schriftlich erfolgen.

Beruht die Rechtsfähigkeit des Vereins auf Verleihung, so ist zu jeder Aenderung der Satzung staatliche Genehmigung oder, falls die Verleihung durch den Bundesrat erfolgt ist, die Genehmigung des Bundesrats erforderlich.

§ 34. Ein Mitglied ist nicht stimmberechtigt, wenn die Beschlußfassung die Vornahme eines Rechtsgeschäfts mit ihm oder die Einleitung oder Erledigung eines Rechtsstreits zwischen ihm und dem Vereine betrifft.

§ 35. Sonderrechte eines Mitglieds können nicht ohne dessen Zustimmung durch Beschluß der Mitgliederversammlung beeinträchtigt werden.

§ 36. Die Mitgliederversammlung ist in den durch die Satzung bestimmten Fällen sowie dann zu berufen, wenn das Interesse des Vereins es erfordert.

§ 37. Die Mitgliederversammlung ist zu berufen, wenn der durch die Satzung bestimmte Teil oder in Ermangelung einer Bestimmung der zehnte Teil der Mitglieder die Berufung schriftlich unter Angabe des Zweckes und der Gründe verlangt.

Wird dem Verlangen nicht entsprochen, so kann das Amtsgericht, in dessen Bezirke der Verein seinen Sitz hat, die Mitglieder, welche das Verlangen gestellt haben, zur Berufung der Versammlung ermächtigen und über die

Führung des Vorsitzes in der Versammlung Bestimmung treffen. Auf die Ermächtigung muß bei der Berufung der Versammlung Bezug genommen werden.

§ 38. Die Mitgliedschaft ist nicht übertragbar und nicht vererblich. Die Ausübung der Mitgliedschaftsrechte kann nicht einem Anderen überlassen werden.

§ 39. Die Mitglieder sind zum Austritt aus dem Vereine berechtigt.

Durch die Satzung kann bestimmt werden, daß der Austritt nur am Schlusse eines Geschäftsjahres oder erst nach dem Ablauf einer Kündigungsfrist zulässig ist; die Kündigungsfrist kann höchstens zwei Jahre betragen.

§ 40. Die Vorschriften des § 27 Abs. 1, 3, des § 28 Abs. 1 und der §§ 32, 33, 38 finden insoweit keine Anwendung, als die Satzung ein Anderes bestimmt.

§ 41. Der Verein kann durch Beschluß der Mitgliederversammlung aufgelöst werden. Zu dem Beschluß ist eine Mehrheit von drei Vierteilen der erschienenen Mitglieder erforderlich, wenn nicht die Satzung ein Anderes bestimmt.

§ 42. Der Verein verliert die Rechtsfähigkeit durch die Eröffnung des Konkurses.

Der Vorstand hat im Falle der Überschuldung die Eröffnung des Konkurses zu beantragen. Wird die Stellung des Antrags verzögert, so sind die Vorstandsmitglieder, denen ein Verschulden zur Last fällt, den Gläubigern für den daraus entstehenden Schaden verantwortlich; sie haften als Gesamtschuldner.

§ 43. Dem Vereine kann die Rechtsfähigkeit entzogen werden, wenn er durch einen gesetzwidrigen Beschluß der Mitgliederversammlung oder durch gesetzwidriges Verhalten des Vorstandes das Gemeinwohl gefährdet.

Einem Vereine, dessen Zweck nach der Satzung nicht auf einen wirtschaftlichen Geschäftsbetrieb gerichtet ist, kann die Rechtsfähigkeit entzogen werden, wenn er einen solchen Zweck verfolgt.

Einem Vereine, der nach der Satzung einen politischen, sozialpolitischen oder religiösen Zweck nicht hat, kann die Rechtsfähigkeit entzogen werden, wenn er einen solchen Zweck verfolgt.

Einem Vereine, dessen Rechtsfähigkeit auf Verleihung beruht, kann die Rechtsfähigkeit entzogen werden, wenn er einen anderen als den in der Satzung bestimmten Zweck verfolgt.

§ 44. Die Zuständigkeit und das Verfahren bestimmen sich in den Fällen des § 43 nach den für streitige Verwaltungssachen geltenden Vorschriften der Landesgesetze. Wo ein Verwaltungsstreitverfahren nicht besteht, finden die Vorschriften der §§ 20, 21 der Gewerbeordnung Anwendung; die Entscheidung erfolgt in erster Instanz durch die höhere Verwaltungsbehörde, in deren Bezirke der Verein seinen Sitz hat.

Beruht die Rechtsfähigkeit auf Verleihung durch den Bundesrat, so erfolgt die Entziehung durch Beschluß des Bundesrats.

§ 45. Mit der Auflösung des Vereins oder der

Entziehung der Rechtsfähigkeit fällt das Vermögen an die in der Satzung bestimmten Personen.

Durch die Satzung kann vorgeschrieben werden, daß die Anfallberechtigten durch Beschluß der Mitgliederversammlung oder eines anderen Vereinsorgans bestimmt werden. Ist der Zweck des Vereins nicht auf einen wirtschaftlichen Geschäftsbetrieb gerichtet, so kann die Mitgliederversammlung auch ohne eine solche Vorschrift das Vermögen einer öffentlichen Stiftung oder Anstalt zuweisen.

Fehlt es an einer Bestimmung der Anfallberechtigten, so fällt das Vermögen, wenn der Verein nach der Satzung ausschließlich den Interessen seiner Mitglieder diente, an die zur Zeit der Auflösung oder der Entziehung der Rechtsfähigkeit vorhandenen Mitglieder zu gleichen Teilen, anderenfalls an den Fiskus des Bundesstaats, in dessen Gebiete der Verein seinen Sitz hatte.

§ 46. Fällt das Vereinsvermögen an den Fiskus, so finden die Vorschriften über eine dem Fiskus als gesetzlichem Erben anfallende Erbschaft entsprechende Anwendung. Der Fiskus hat das Vermögen tunlichst in einer den Zwecken des Vereins entsprechenden Weise zu verwenden.

§ 47. Fällt das Vereinsvermögen nicht an den Fiskus, so muß eine Liquidation stattfinden.

§ 48. Die Liquidation erfolgt durch den Vorstand. Zu Liquidatoren können auch andere Personen bestellt werden; für die Bestellung sind die für die Bestellung des Vorstandes geltenden Vorschriften maßgebend.

Die Liquidatoren haben die rechtliche Stellung des Vorstandes, soweit sich nicht aus dem Zwecke der Liquidation ein Anderes ergibt.

Sind mehrere Liquidatoren vorhanden, so ist für ihre Beschlüsse Übereinstimmung aller erforderlich, sofern nicht ein Anderes bestimmt ist.

§ 49. Die Liquidatoren haben die laufenden Geschäfte zu beendigen, die Forderungen einzuziehen, das übrige Vermögen in Geld umzusetzen, die Gläubiger zu befriedigen und den Überschuß den Anfallberechtigten auszuantworten. Zur Beendigung schwebender Geschäfte können die Liquidatoren auch neue Geschäfte eingehen. Die Einziehung der Forderungen sowie die Umsetzung des übrigen Vermögens in Geld darf unterbleiben, soweit diese Maßregel nicht zur Befriedigung der Gläubiger oder zur Verteilung des Überschusses unter die Anfallberechtigten erforderlich sind.

Der Verein gilt bis zur Beendigung der Liquidation als fortbestehend, soweit der Zweck der Liquidation es erfordert.

§ 50. Die Auflösung des Vereins oder die Entziehung der Rechtsfähigkeit ist durch die Liquidatoren öffentlich bekannt zu machen. In der Bekanntmachung sind die Gläubiger zur Anmeldung ihrer Ansprüche aufzufordern. Die Bekanntmachung erfolgt durch das in der Satzung für Veröffentlichungen bestimmte Blatt, in Ermangelung eines solchen durch dasjenige Blatt, welches für Bekanntmachungen des Amtsgerichts bestimmt ist, in dessen Bezirke der Verein seinen Sitz hatte. Die Bekanntmachung gilt mit dem Ablaufe des zweiten Tages nach der Einrückung oder der ersten Einrückung als bewirkt.

Bekannte Gläubiger sind durch besondere Mitteilung zur Anmeldung aufzufordern.

§ 51. Das Vermögen darf den Anfallberechtigten nicht vor dem Ablauf eines Jahres nach der Bekanntmachung der Auflösung des Vereins oder der Entziehung der Rechtsfähigkeit ausgeantwortet werden.

§ 52. Meldet sich ein bekannter Gläubiger nicht, so ist der geschuldete Betrag, wenn die Berechtigung zur Hinterlegung vorhanden ist, für den Gläubiger zu hinterlegen.

Ist die Berichtigung einer Verbindlichkeit zur Zeit nicht ausführbar oder ist eine Verbindlichkeit streitig, so darf das Vermögen den Anfallberechtigten nur ausgeantwortet werden, wenn dem Gläubiger Sicherheit geleistet ist.

§ 53. Liquidatoren, welche die ihnen nach dem § 42 Abs. 2 und den §§ 50—52 obliegenden Verpflichtungen verletzen oder vor der Befriedigung der Gläubiger Vermögen den Anfallberechtigten ausantworten, sind, wenn ihnen ein Verschulden zur Last fällt, den Gläubigern für den daraus entstehenden Schaden verantwortlich; sie haften als Gesamtschuldner.

§ 54. Auf Vereine, die nicht rechtsfähig sind, finden die Vorschriften über die Gesellschaft Anwendung. Aus einem Rechtsgeschäfte, das im Namen eines solchen Vereins einem Dritten gegenüber vorgenommen wird, haftet der Handelnde persönlich; handeln mehrere, so haften sie als Gesamtschuldner.

2. Eingetragene Vereine.

§ 55. Die Eintragung eines Vereins der im § 21 bezeichneten Art in das Vereinsregister hat bei dem Amtsgerichte zu geschehen, in dessen Bezirke der Verein seinen Sitz hat.

§ 56. Die Eintragung soll nur erfolgen, wenn die Zahl der Mitglieder mindestens sieben beträgt.

§ 57. Die Satzung muß den Zweck, den Namen und den Sitz des Vereins enthalten und ergeben, daß der Verein eingetragen werden soll.

Der Name soll sich von den Namen der an demselben Orte oder in derselben Gemeinde bestehenden eingetragenen Vereine deutlich unterscheiden.

§ 58. Die Satzung soll Bestimmungen enthalten:

1. über den Eintritt und Austritt der Mitglieder;
2. darüber, ob und welche Beiträge von den Mitgliedern zu leisten sind;
3. über die Bildung des Vorstandes;
4. über die Voraussetzungen, unter denen die Mitgliederversammlung zu berufen ist, über die Form der Berufung und über die Beurkundung der Beschlüsse.

§ 59. Der Vorstand hat den Verein zur Eintragung anzumelden.

Der Anmeldung sind beizufügen:

1. die Satzung in Urschrift und Abschrift;

2. eine Abschrift der Urkunden über die Bestellung des Vorstandes.

Die Satzung soll von mindestens sieben Mitgliedern unterzeichnet sein und die Angabe des Tages der Errichtung enthalten.

§ 60. Die Anmeldung ist, wenn den Erfordernissen der §§ 56—59 nicht genügt ist, von dem Amtsgericht unter Angabe der Gründe zurückzuweisen.

Gegen einen zurückweisenden Beschluß findet die sofortige Beschwerde nach den Vorschriften der Zivilprozeßordnung statt.

§ 61. Wird die Anmeldung zugelassen, so hat das Amtsgericht sie der zuständigen Verwaltungsbehörde mitzuteilen.

Die Verwaltungsbehörde kann gegen die Eintragung Einspruch erheben, wenn der Verein nach dem öffentlichen Vereinsrecht unerlaubt ist oder verboten werden kann oder wenn er einen politischen, sozialpolitischen oder religiösen Zweck verfolgt.

§ 62. Erhebt die Verwaltungsbehörde Einspruch, so hat das Amtsgericht den Einspruch dem Vorstande mitzuteilen.

Der Einspruch kann im Wege des Verwaltungsstreitverfahrens oder, wo ein solches nicht besteht, im Wege des Rekurses nach Maßgabe der §§ 20, 21 der Gewerbeordnung angefochten werden.

§ 63. Die Eintragung darf, sofern nicht die Verwaltungsbehörde dem Amtsgerichte mitteilt, daß Einspruch nicht erhoben werde, erst erfolgen, wenn seit der Mitteilung der Anmeldung an die Verwaltungsbehörde sechs Wochen verstrichen sind und Einspruch nicht erhoben oder wenn der erhobene Einspruch endgültig aufgehoben ist.

§ 64. Bei der Eintragung sind der Name und der Sitz des Vereins, der Tag der Errichtung der Satzung sowie die Mitglieder des Vorstandes im Vereinsregister anzugeben. Bestimmungen, die den Umfang der Vertretungsmacht des Vorstandes beschränken oder die Beschlußfassung des Vorstandes abweichend von der Vorschrift des § 28 Abs. 1 regeln, sind gleichfalls einzutragen.

§ 65. Mit der Eintragung erhält der Name des Vereins den Zusatz „eingetragener Verein".

§ 66. Das Amtsgericht hat die Eintragung durch das für seine Bekanntmachungen bestimmte Blatt zu veröffentlichen.

Die Urschrift der Satzung ist mit der Bescheinigung der Eintragung zu versehen und zurückzugeben. Die Abschrift wird von dem Amtsgerichte beglaubigt und mit den übrigen Schriftstücken aufbewahrt.

§ 67. Jede Änderung des Vorstandes sowie die erneute Bestellung eines Vorstandsmitglieds ist von dem Vorstande zur Eintragung anzumelden. Der Anmeldung ist eine Abschrift der Urkunde über die Änderung oder die erneute Bestellung beizufügen.

Die Eintragung gerichtlich bestellter Vorstandsmitglieder erfolgt von Amtswegen.

§ 68. Wird zwischen den bisherigen Mitgliedern des Vorstandes und einem Dritten ein Rechtsgeschäft vorgenommen, so kann die Änderung des Vorstandes dem Dritten nur entgegengesetzt werden, wenn sie zur Zeit der Vornahme des Rechtsgeschäfts im Vereinsregister eingetragen oder dem Dritten bekannt ist. Ist die Änderung eingetragen, so braucht der Dritte sie nicht gegen sich gelten zu lassen, wenn er sie nicht kennt, seine Unkenntnis auch nicht auf Fahrlässigkeit beruht.

§ 69. Der Nachweis, daß der Vorstand aus den im Register eingetragenen Personen besteht, wird Behörden gegenüber durch ein Zeugnis des Amtsgerichts über die Eintragung geführt.

§ 70. Die Vorschriften des § 68 gelten auch für Bestimmungen, die den Umfang der Vertretungsmacht des Vorstandes beschränken oder die Beschlußfassung des Vorstandes abweichend von der Vorschrift des § 28 Abs. 1 regeln.

§ 71. Änderungen der Satzung bedürfen zu ihrer Wirksamkeit der Eintragung in das Vereinsregister. Die Änderung ist von dem Vorstande zur Eintragung anzumelden. Der Anmeldung ist der die Änderung enthaltende Beschluß in Urschrift und Abschrift beizufügen.

Die Vorschriften der §§ 60—64 und des § 66 Abs. 2 finden entsprechende Anwendung.

§ 72. (Neue Fassung. Siehe S. 128.) Der Vorstand hat dem Amtsgericht auf dessen Verlangen jederzeit eine von ihm vollzogene Bescheinigung über die Zahl der Vereinsmitglieder einzureichen.

§ 73. Sinkt die Zahl der Vereinsmitglieder unter drei herab, so hat das Amtsgericht auf Antrag des Vor=

standes und, wenn der Antrag nicht binnen drei Monaten gestellt wird, von Amtswegen nach Anhörung des Vorstandes dem Vereine die Rechtsfähigkeit zu entziehen. Der Beschluß ist dem Vereine zuzustellen. Gegen den Beschluß findet die sofortige Beschwerde nach den Vorschriften der Zivilprozeßordnung statt.

Der Verein verliert die Rechtsfähigkeit mit der Rechtskraft des Beschlusses.

§ 74. Die Auflösung des Vereins sowie die Entziehung der Rechtsfähigkeit ist in das Vereinsregister einzutragen. Im Falle der Eröffnung des Konkurses unterbleibt die Eintragung.

Wird der Verein durch Beschluß der Mitgliederversammlung oder durch den Ablauf der für die Dauer des Vereins bestimmten Zeit aufgelöst, so hat der Vorstand die Auflösung zur Eintragung anzumelden. Der Anmeldung ist im ersteren Falle eine Abschrift des Auflösungsbeschlusses beizufügen.

Wird dem Verein auf Grund des § 43 die Rechtsfähigkeit entzogen oder wird der Verein auf Grund des öffentlichen Vereinsrechts aufgelöst, so erfolgt die Eintragung auf Anzeige der zuständigen Behörde.

§ 75. Die Eröffnung des Konkurses ist von Amtswegen einzutragen. Das Gleiche gilt von der Aufhebung des Eröffnungsbeschlusses.

§ 76. Die Liquidatoren sind in das Vereinsregister einzutragen. Das Gleiche gilt von Bestimmungen, welche die Beschlußfassung der Liquidatoren abweichend von der Vorschrift des § 48 Abs. 3 regeln.

Die Anmeldung hat durch den Vorstand, bei späteren Änderungen durch die Liquidatoren zu erfolgen. Der Anmeldung der durch Beschluß der Mitgliederversammlung bestellten Liquidatoren ist eine Abschrift des Beschlusses, der Anmeldung einer Bestimmung über die Beschlußfassung der Liquidatoren eine Abschrift der die Bestimmung enthaltenden Urkunde beizufügen.

Die Eintragung gerichtlich bestellter Liquidatoren geschieht von Amtswegen.

§ 77. Die Anmeldungen zum Vereinsregister sind von den Mitgliedern des Vorstandes sowie von den Liquidatoren mittelst öffentlich beglaubigter Erklärung zu bewirken.

§ 78. Das Amtsgericht kann die Mitglieder des Vorstandes zur Befolgung der Vorschriften des § 67 Abs. 1, des § 71 Abs. 1, des § 72, des § 74 Abs. 2 und des § 76 durch Ordnungsstrafen anhalten. Die einzelne Strafe darf den Betrag von dreihundert Mark nicht übersteigen.

In gleicher Weise können die Liquidatoren zur Befolgung der Vorschriften des § 76 angehalten werden.

§ 79. Die Einsicht des Vereinsregisters sowie der von dem Vereine bei dem Amtsgericht eingereichten Schriftstücke ist jedem gestattet. Von den Eintragungen kann eine Abschrift gefordert werden; die Abschrift ist auf Verlangen zu beglaubigen.

Sachregister.

(Die Zahlen verweisen auf die Seiten.)

A.

D.

E.

F.

K.

L.

M.

N.

O.

P.

R.

S.

T.

U.

V.

W.

Z.

Druck von A. W. Hayn's Erben, Potsdam.

Preußische Verordnung
zur
Ausführung des Reichsvereinsgesetzes.

(§§ 6 Abs. 1, 12 Abs. 4 u. 21.)

Vom 8. Mai 1908.

I. Das Reichsvereinsgesetz schreibt im § 5 für die Veranstaltung öffentlicher Versammlungen zur Erörterung politischer Angelegenheiten eine Anzeige bei der Polizeibehörde vor, die mündlich oder in jeder schriftlichen Form (Brief, Postkarte, Telegramm) erfolgen kann. An Stelle dieser Anzeige läßt es nach § 6 Abs. 1 auch die öffentliche Bekanntmachung zu, deren Erfordernisse die Landeszentralbehörde zu bestimmen hat. Diese Bekanntmachung muß so gestaltet werden, daß die Polizei bei pflichtmäßiger Aufmerksamkeit rechtzeitig Kenntnis von dem Stattfinden der Versammlung erhalten kann. Demgemäß wird bestimmt, daß es der im § 5 des Reichsvereinsgesetzes vorgeschriebenen Anzeige für Versammlungen, die öffentlich bekanntgemacht worden sind, nicht bedarf, wenn die Bekanntmachung folgenden Erfordernissen genügt:

1. Bekanntmachung durch Zeitungen.

a) Die Bekanntmachung durch Zeitungen muß in deutscher Sprache abgefaßt und in einer der Zeitungen erfolgt sein, die hierzu für die Gemeinde, in deren Bezirk die Versammlung stattfinden soll, von dem Landrat, in den Hohenzollernschen Landen von dem Oberamtmann, in Stadtkreisen von der Ortspolizeibehörde, in Berlin von dem Polizeipräsidenten bestimmt sind. Für jede Gemeinde müssen wenigstens zwei Zeitungen bestimmt werden, unter denen sich wenigstens eine täglich (abgesehen von den durch Sonn- und Feiertage bedingten Unterbrechungen) erscheinende Zeitung befinden muß.

b) Die Bekanntmachung muß die Überschrift tragen: Öffentliche politische Versammlung. Es muß sich aus ihr Zeit und Ort der geplanten Versammlung, sowie der Name, der Wohnort und die Wohnung des Veranstalters ergeben.

c) Die Zeitungsnummer, in der die Bekanntmachung erfolgt ist, muß so zur Ausgabe gelangt sein, daß sie bei ordnungsmäßiger Bestellung mindestens 24 Stunden vor dem Beginn der Versammlung in den Händen der für die Entgegennahme der Anzeige zuständigen Behörde sein kann. Bei Zeitungen, die innerhalb des Polizeibezirks des Versammlungsortes erscheinen, wird diesem Erfordernis genügt, wenn die betreffende Zeitungsnummer mindestens 24 Stunden vor dem Beginn der Versammlung zur Ausgabe gelangt ist.

2. Bekanntmachung durch Anschlag.

Die Bekanntmachung kann durch Anschlag geschehen, wenn die Versammlung in einer Gemeinde veranstaltet wird, in der öffentliche Einrichtungen (Säulen, Anschlagtafeln) für den Anschlag von Ankündigungen mittelst Plakats bestehen. Die Bekanntmachung muß in deutscher Sprache abgefaßt sein und den Erfordernissen zu 1 b genügen. Der Anschlag muß an den im Gemeindebezirk, bei Gemeinden, die in Polizeireviere eingeteilt sind, an den im Polizeirevier des Versammlungslokals vorhandenen öffentlichen Anschlagsäulen oder -tafeln mindestens 24 Stunden vor dem Beginn der Versammlung erfolgt sein.

II. Nach § 12 Absatz 1 des Reichsvereinsgesetzes sind die Verhandlungen in öffentlichen Versammlungen, abgesehen von den im § 12 Absatz 2 und 3 bezeichneten Ausnahmen, in deutscher Sprache zu führen. Nach § 12 Absatz 4 sind weitere Ausnahmen mit Genehmigung der Landeszentralbehörde zulässig. Demgemäß wird bestimmt, daß für Verhandlungen in öffentlichen Versammlungen in den Regierungsbezirken Königsberg und Gumbinnen der Mitgebrauch der litauischen Sprache, in den Regierungsbezirken Königsberg, Gumbinnen und Allenstein der Mitgebrauch der masurischen Sprache, in den Regierungsbezirken Frankfurt a. O. und Liegnitz der Mitgebrauch der wendischen Sprache, in dem Kreise Malmedy des Regierungsbezirks Aachen der Mitgebrauch der wallonischen und der französischen Sprache gestattet ist.

Für die Verhandlungen in öffentlichen Versammlungen ist in denjenigen Amtsbezirken des

Kreises Tondern im Regierungsbezirk Schleswig, in denen nach dem Ergebnis der jeweilig letzten Volkszählung die Bevölkerung dänischer Muttersprache sechzig vom Hundert der Gesamtbevölkerung übersteigt, der Mitgebrauch der dänischen Sprache unter denselben Bedingungen gestattet, wie nach § 12 Abs. 3 des Reichsvereinsgesetzes in den dort bezeichneten Landesteilen.

Den Regierungspräsidenten und für Berlin dem Polizeipräsidenten in Berlin wird die Ermächtigung erteilt, in besonderen Fällen den Mitgebrauch einer nichtdeutschen Sprache in öffentlichen Versammlungen zu gestatten.

III. Im Sinne des Reichsvereinsgesetzes ist unter der Bezeichnung „Polizeibehörde" die Ortspolizeibehörde, unter der Bezeichnung „Untere Verwaltungsbehörde" der Landrat, in den Hohenzollernschen Landen der Oberamtmann, in Stadtkreisen die Gemeindebehörde, unter Bezeichnung „Höhere Verwaltungsbehörde" der Regierungspräsident, im Landespolizeibezirk Berlin der Polizeipräsident von Berlin zu verstehen.

Verzeichnis

der

Guttentag'schen Sammlung Deutscher Reichs- und Preussischer Gesetze

Text-Ausgaben
mit Anmerkungen u. Sachregister

Guttentag'sche Sammlung

Deutscher Reichsgesetze.

Text-Ausgaben mit Anmerkungen. Taschenformat.

---

1. **Verfassung** des Deutschen Reichs. Von Dr. **L. von Rönne.** Neunte Auflage von Landrat **Paul von Rönne.** 1904. 2 M. 40 Pf.

2. **Strafgesetzbuch** für das Deutsche Reich. Nebst den gebräuchlichsten Reichs-Strafgesetzen. Von Dr. **H. Rüdorff.** Zweiundzwanzigste Auflage von Dr. **H. Appelius,** Kammergerichtsrat. 1907. 1 M. 50 Pf.

   Die §§ 95—101, geändert durch Gesetz vom 17. Februar 1908, in neuer Fassung.

3. **Militärstrafgerichtsordnung** von Senatspräsident Dr. **Paul Herz.** 1902. Dritte Auflage. Aus dem Handel gezogen; — dafür Text-Ausgaben ohne Anmerkungen auf S. 24. 1 M. 50 Pf.

4. **Handelsgesetzbuch vom 10. Mai 1897** unter Ausschluß des Seerechts. Mit den ergänzenden Vorschriften des Bürgerlichen Gesetzbuchs und Erläuterungen von **F. Litthauer,** Justizrat. Dreizehnte Auflage herausgegeben von Geh. Justizrat Prof. Dr. **A. Mosse,** Oberlandesgerichtsrat. 1905. 3 M.

5. Allgemeine Deutsche **Wechselordnung.** Neunte Auflage von Justizrat Dr. **J. Stranz** und Rechtsanwalt Dr. **M. Stranz,** und das Reichsgesetz über die **Wechsel-**

stempelsteuer*). Von Regierungsrat **P. Loeck.** Achte Auflage. 1906. 3 M.

*) Ist auch einzeln zu haben. Preis 1 M. 25 Pf.

6. **Gewerbeordnung** für das Deutsche Reich nebst allen Ausführungsbestimmungen. Ursprünglich herausgegeben von **T. Ph. Berger** und **Dr. L. Wilhelmi.** Siebzehnte Auflage bearbeitet von Oberverwaltungsgerichtsrat **H. Spangenberg.** 1907. 3 M.
   Ergänzungsband hierzu: **Preußische Ausführungsanweisung.** 1904. 2 M.

7. Die deutsche **Post- und Telegraphen-Gesetzgebung.** Nebst dem Weltpostvertrag und dem internationalen Telegraphenvertrag. Von Wirkl. Geh. Rat Dr. **Fischer.** Fünfte Auflage bearbeitet von Geh. Postrat Dr. **M. König.** 1902. 3 M.

8. Die Reichsgesetze über den **Unterstützungswohnsitz** in der Fassung der Novelle vom 12. März 1894, **die Freizügigkeit, den Erwerb und Verlust der Bundes- und Staatsangehörigkeit,** nebst allen landesgesetzlichen Bestimmungen. Von Geheimrat Dr. **J. Krech,** Mitglied des Bundesamtes für das Heimatwesen. Sechste Auflage. 1907. 3 M.

9. Sammlung **kleinerer strafrechtlicher Reichsgesetze.** Mit den Entscheidungen des Reichsgerichts bearbeitet von **M. Werner,** Geh. Ober-Regierungsrat. Zweite Auflage. 1903. 3 M.

(Inhalt ca. 25 verschiedene Gesetze.)

10. **Das Reichsbeamtengesetz** und seine Ergänzungen. Erläutert von **J. Pieper.** Zweite Auflage. 1901. 4 M. 50 Pf.
— In der Fassung von 1907 siehe Nr. 82.

11. **Zivilprozeßordnung mit Gerichtsverfassungsgesetz** in den neuesten Fassungen. Herausgegeben zunächst von **R. Sydow,** Unterstaatssekretär, weiter bearbeitet von **L. Busch,** Reichsgerichtsrat. Zehnte Auflage. (In größerem Oktav-Format.) 1905. 6 M.

12. **Strafprozeßordnung und Gerichtsverfassungsgesetz** nebst den Gesetzen, betreffend die Entschädigung der im Wiederaufnahmeverfahren freigesprochenen Personen und die Entschädigung für unschuldig erlittene Untersuchungshaft. Von Dr. **A. Hellweg,** Reichsgerichtsrat. Vierzehnte Auflage. 1907. 2 M.

13. **Konkursordnung und Anfechtungsgesetz.** Von **R. Sydow.** Weiter bearbeitet von **L. Busch.** Zehnte Auflage. 1906. 2 M. 25 Pf.

14. **Gerichtsverfassungsgesetz** mit Einführungsgesetz. Herausgegeben von **R. Sydow** und **L. Busch.** Neunte Auflage. 1905. 1 M. 50 Pf.

15. **Das Deutsche Gerichtskostengesetz** nebst den Gebührenordnungen für Gerichtsvollzieher, Zeugen und Sachverständige. Herausgegeben mit Kosten-

tabellen von **R. Sydow.** Weiter bearbeitet von **L. Busch.** Achte Auflage. 1907. 2 M.

16. **Rechtsanwaltsordnung.** Von **R. Sydow.** Sechste Auflage von Justizrat **M. Jacobsohn.** 1907. 1 M. 20 Pf.

17. Die **Deutsche Gebührenordnung für Rechtsanwälte und das Preußische Gebührengesetz** vom 27. September / 6. Oktober 1899. Von **R. Sydow** und **L. Busch.** Siebente Auflage. 1903. 1 M. 60 Pf.

18. **Reichsstempelgesetz (Börsensteuer, Frachturkunde, Kraftfahrzeuge, Personenfahrkarte, Tantieme für Aufsichtsratsmitglieder).** Vom 3. Juni 1906. Nebst Ausführungsbestimmungen und Entscheidungen. Neunte Auflage von **P. Loeck,** Regierungsrat. (In größerem Oktav-Format.) 1906. 4 M. 50 Pf.

19. Die **Seegesetzgebung.** Von Dr. **W. E. Knitschky.** Dritte Auflage bearbeitet von Oberlandesgerichtsrat **Otto Rudorff** in Hamburg 1902. 4 M. 50 Pf.

20. **Krankenversicherungsgesetz.** Von weil. Dr. **E. von Woedtke,** Direktor im Reichsamte des Innern. Elfte Auflage bearbeitet von Dr. **G. Eucken-Addenhausen,** Geh. Reg.-Rat und vortr. Rat im Reichsamte des Innern. 1905. 3 M.

21. Die **Konsulargesetzgebung.** Von Professor Dr. **Ph. Zorn.** Zweite Auflage. 1901. 3 M.

22. **Patentgesetz.** Nebst Ausführungsbestimmungen, völkerrechtlichen Verträgen und der Patentanwalts-Ordnung unter eingehender Berücksichtigung der Rechtsprechung des Reichsgerichts und der Praxis des Patentamts. Erläutert von Professor Dr. **R. Stephan,** Geh. Reg.-Rat, Mitglied des Kaiserlichen Patentamts. Sechste Auflage. 1904. 2 M.

Gesetz zum **Schutz** der **Warenbezeichnungen.** Nebst Ausführungsbestimmungen. Siehe Seite 16 Nr. 87.

23. **Gewerbe-Unfallversicherungsgesetz.** Von weil. Dr **E. v. Woedtke.** Neunte neubearbeitete Auflage von **Franz Caspar,** Direktor im Reichsamt des Innern. 1907. 2 M. 50 Pf.

24. **Aktiengesellschaft und Kommanditgesellschaften auf Aktien.** (Handelsgesetzbuch, II. Buch, Abschnitt 3 und 4). Mit Anmerkungen von Justizrat Dr. **H. Veit Simon** und Amtsrichter **L. Keyssner.** 1908. Sechste Auflage. Im Druck.

25. **Brausteuergesetz** vom 3. Juni 1906 mit Ausführungsvorschriften. Von **A. Düffe,** Obersteuerkontrolleur. 1907. 3 M.

26. Die Reichsgesetzgebung über **Münz- und Notenbankwesen,** Papiergeld, Prämienpapiere und Reichsschulden. Von Dr jur. **R. Koch,** Präsident des Reichsbankdirektoriums. Fünfte Auflage. 1905. 3 M.

27. Die Gesetzgebung, betr. das **Gesundheitswesen** im Deutschen Reich für Behörden, Aerzte 2c. Von Dr. jur. **C. Goesch** und Dr. med. **J. Karsten.** 1888. 1 M. 60 Pf.

28. **Bau-Unfallversicherungsgesetz.** Vom 30. Juni 1900. Von **R. Chrzescinski,** Kaiserl. Regierungsrat. Dritte Auflage. 1900. 2 M.

29. Reichsgesetz, betr. die **Erwerbs- und Wirtschaftsgenossenschaften.** Von **L. Parisius** und Dr. **H. Crüger.** Zwölfte Auflage bearbeitet von Dr. **H. Crüger.** 1907. 1 M. 50 Pf.

30. **Invalidenversicherungsgesetz** vom 13. Juli 1899. Von weil. Dr. **E. v. Woedtke.** Zehnte Auflage von Regierungsrat **H. Follmann.** 1906. 4 M.

31. **Gewerbegerichtsgesetz.** Von Stadtrat **L. Mugdan.** Sechste Auflage bearbeitet von **W. Cuno,** Erstem Bürgermeister zu Hagen i. W. 1906. 2 M. 20 Pf.

32. Reichsgesetz, betr. die **Gesellschaften mit beschränkter Haftung.** Von **L. Parisius** und Dr. **H. Crüger.** Neunte Auflage von Dr. **H. Crüger.** 1907. 1,40 M.

33. **Vereins- und Versammlungsrecht** in Deutschland. Von Dr. **E. Ball.** Zweite, völlig neubearbeitete Auflage von Dr. **F. Friedenthal.** 1907. 2 M. 50 Pf.

34. Reichsgesetz, betreffend die **Abzahlungsgeschäfte.** Vom 16. Mai 1894. Von **J. Hoffmann.** Zweite vermehrte Auflage besorgt von Dr. **E. Wilke,** Landgerichtsrat. 1901. 1 M. 20 Pf.

35. Die **Reichs-Eisenbahngesetzgebung.** Von **W. Coermann,** Kaiserl. Amtsrichter. 1895. 2 M. 25 Pf.

36. Gesetze, betr. die **privatrechtlichen Verhältnisse der Binnenschiffahrt und der Flößerei.** Dritte Auflage von **E. Löwe,** Landgerichtsrat. 1903. 3 M.

37. Gesetz zur **Bekämpfung des unlauteren Wettbewerbes.** Vom 27. Mai 1896. Von Dr. **R. Stephan,** Geh. Regierungsrat. Dritte Auflage. 1903. 1 M.

38/39. **Bürgerliches Gesetzbuch nebst Einführungsgesetz.** Nach dem Tode des ursprünglichen Herausgebers Reichsgerichtsrats a. D. Dr. **A. Achilles** in Verbindung mit Professor Dr. **André,** Kammergerichtsrat **Ritgen,** Ober-Landesgerichtsrat **Strecker,** Ober-Regierungsrat Dr. **Unzner** herausgegeben von Geh. Ober-Justizrat **Greiff.** Fünfte Auflage. (In größerem Oktav-Format) 1906. 6 M. 50 Pf.

40. Gesetz, betr. die **Pflichten der Kaufleute bei Aufbewahrung fremder Wertpapiere (Depotgesetz).** Mit Erläuterungen. Von **F. Lusensky,** Geh. Ober-Regierungsrat. Zweite Auflage. 1905. 1 M.

41. **Börsengesetz.** Vom 22. Juni 1896. Nebst Ausführungsbestimmungen. Unter Mitwirkung des Direktors im Reichsamt des Innern **A. Wermuth** bearbeitet von Regierungsrat **H. Brendel.** 1897. 1 M. 50 Pf.

42. **Grundbuchordnung** nebst den preußischen Ausführungsbestimmungen. Mit Einleitung. Von Prof. Dr. **O. Fischer.** Vierte Auflage. 1906. 2 M.

43. Die Gesetzgebung, betr. die **Zwangsvollstreckung in das unbewegliche Vermögen** im Reiche und in Preußen. Mit Einleitung, Kosten- und Gebührentabellen. Von Dr. **J. Krech,** Kaiserl. Geh. Regierungsrat und Professor Dr. **O. Fischer.** Fünfte Auflage. 1907. 2 M.

44. Das Reichsgesetz über das **Auswanderungswesen** vom 9. Juni 1897 nebst Ausführungsverordnungen und Anlagen. Unter Benutzung amtlicher Quellen. Von Professor Dr. **Felix Stoerk.** 1899. 2 M. 25 Pf.

45 Das **Entmündigungsrecht** unter Berücksichtigung der für Preußen geltenden Vorschriften nebst der preußischen Justiz-Ministerial-Verfügung vom 28. November 1899. Text der zivil- und prozeßrechtlichen Bestimmungen mit Erläuterungen von Landgerichtsrat Dr. **P. Koll** in Cöln. 1900. 1 M. 50 Pf.

46. Die Gesetze des Reiches und Preußens über die **freiwillige Gerichtsbarkeit.** Mit Einleitung von **Herm. Jastrow,** Amtsgerichtsrat. Vierte Auflage. 1906. 3 M.

47. Das **deutsche Vormundschaftsrecht** und das preuß. Gesetz über die Fürsorgeerziehung Minderjähriger nebst den dazu gehörigen preußischen Nebengesetzen. Von **Max Schultzenstein,** Oberverwaltungsgerichtsrat und Amtsgerichtsrat Dr. **Paul Köhne.** Zweite Auflage. 1901. 3 M.

48. Gesetze und Verordnungen, betr. den **Drogen-, Gift- und Farbenhandel** außerhalb der Apotheken. Von Dr. **Broh,** Rechtsanwalt. 1899. 1 M. 25 Pf.

49. Deutsche **Kolonialgesetzgebung.** Von Professor Dr. **Philipp Zorn.** 1901. 4 M. 50 Pf.

50. Der **Viehkauf** (Viehgewährschaft) nach dem Bürgerlichen Gesetzbuche. Nebst Verordn. betr. die Hauptmängel und Gewährsfristen beim Viehhandel. Von Rechtsanwalt Dr. **H. Stölzle** und **H. Weiskopf,** Königl. Kreistierarzt in Augsburg. Dritte Auflage. 1904. 3 M.

51. **Hypothekenbankgesetz** vom 13. Juli 1899. Von Dr. **H. Göppert,** Gerichts-Assessor. 1900. 1 M. 80 Pf.

52. Gesetz, betreffend die gemeinsamen **Rechte der Besitzer von Schuldverschreibungen.** Von Dr. **Heinrich Göppert,** Gerichts-Assessor. 1900. 2 M.

53. **Reichspreßgesetz** vom 7. Mai 1874 nebst den einschlägigen Bestimmungen des Strafgesetzbuchs, der Gewerbeordnung 2c. Kommentar von **A. Born**, Polizeiassessor. 1900. 1 M. 50 Pf.

54. Die Reichsgesetzgebung über den Verkehr mit **Nahrungsmitteln, Genußmitteln und Gebrauchsgegenständen.** Von Dr. **Georg Lebbin**, Nahrungsmittelchemiker. 1900. 2 M. 25 Pf.

55 Das Recht der **Beschlagnahme von Lohn- und Gehaltsforderungen.** Auf Grundlage der Reichsgesetze vom 21. Juni 1869 u. 29. März 1897 und der Zivilprozeßordnung. Von Justizrat **Georg Meyer.** Dritte Auflage. 1908. ca. 2 M. 25 Pf.

56. **Gesetz**, betr. die **Bekämpfung gemeingefährlicher Krankheiten.** Nebst Ausführungsbestimmungen. Von Dr. **Bruno Burkhardt**, Regierungsrat, Mitglied des Kais. Gesundheitsamts. 1900. 1 M. 40 Pf.

57. **See-Unfallversicherungsgesetz.** Von **Dr. Max Mittelstein,** Oberlandesgerichtsrat in Hamburg. 1901 2 M.

58. **Das Recht der unehelichen Kinder** nach dem BGB. Von **Hermann Jastrow**, Amtsg.-Rat. 1901. 1 M. 80 Pf.

59. Reichsgesetz über die **Beurkundung des Personenstandes und die Eheschließung.** Von Dr. **F. Fidler,** Amtgerichtsrat. 1901. 1 M. 80 Pf.

60. Gesetz, betreffend das **Urheberrecht an Werken der Literatur und der Tonkunst.** Von Landrichter **Otto Lindemann.** Zweite Auflage. 1907. 1 M. 60 Pf.

61. Gesetz über das **Verlagsrecht.** Von Justizrat **Ernst Heinitz.** 1901. 1 M. 50 Pf.

62. Gesetz über die **privaten Versicherungsunternehmungen.** Von **H. Könige,** Reichsgerichtsrat. 2. Auflage in Bearbeitung.

63. **Gesetzestafel des Deutschen Reichsrechts.** Systematisch geordnete Nachweisung des z. Z. geltenden Reichsrechts. Ergänzungsband zu der Guttentag'schen Sammlung Deutscher Reichsgesetze. Von **Hugo Bruhns,** Syndikus. 1902. 8°. 2 M. 50 Pf.

64. Gesetzsammlung betr. den **Handel mit Drogen und Giften.** Reichsgesetzl. Bestimmungen und Anhang mit den landesgesetzl. Verordnungen sämtlicher Bundesstaaten. Von Rechtsanwalt **H. Sonnenfeld,** Syndik. d. Berl. Drogisten-Innung. 1902. 3 M.

65. Das **Weingesetz** vom 24. Mai 1901. Mit Ausführungsbestimmungen von Dr. **Georg Lebbin,** Handels- u. Gerichtschemiker. 1902. 1 M. 50 Pf.

66. Die **Eisenbahn-Gesetzgebung.** Von **W. Pietsch,** Geh. exp. Sekretär im Reichs-Eisenbahn-Amt. 1902. 5 M.

67. **Militär-Strafgesetzbuch** von Senats-Präsident Dr. **Paul Herz** und Kriegsgerichtsrat Dr. **Georg Ernst.** 1903. Aus dem Handel gezogen; — dafür Text-Ausgaben ohne Anmerkungen Seite 24. 1 M.

68. **Das Fleischbeschaugesetz.** Vom 3. Juni 1900. Mit Ausführungsges. u. Verordnungen im Reiche und in Preußen. Von Dr. **Georg Lebbin,** Gerichtschemiker und Rechtsanwalt Dr. **Georg Baum.** 1903. 4 M.

69. Reichsgesetz über die **Naturalleistungen der bewaffneten Macht im Frieden** nebst den zugehörigen in Preußen geltenden Bestimmungen. Von Regierungsassessor Dr. **Walter v. Hippel.** 1903. 1 M. 25 Pf.

70. **Das Reichs-Haftpflichtgesetz,** betr. die Verbindlichkeit zum Schadensersatz für die bei dem Betriebe von Eisenbahnen, Bergwerken, Steinbrüchen, Gräbereien und Fabriken herbeigeführten Tötungen und Körperverletzungen, vom 7. Juni 1871. Von Regierungsrat Dr. **G. Eger.** 1903. Preis 3 M.

71. **Kinderarbeit in gewerblichen Betrieben,** v 30. März 1903. Nebst der Preuß. Ausführ.-Anw. v. 30. Nov. u. d. Bek. des Reichskanzlers v. 17. Dez. 1903. Von **H. Spangenberg,** Oberverwaltungsgerichtsrat. Zweite vermehrte Auflage. 1904. 1 M. 60 Pf.

72. **Unfallversicherungsgesetz für Land- und Forstwirtschaft** vom Wirkl. Geh. Rat Dr. **E. von Woedtke,** fortgesetzt von Dr. **Alfred Radtke,** Geh. Regierungsrat und Senatspräs. im Reichsversicherungsamt. Zweite Auflage. 1904. 4 M. 50 Pf.

73. **Entschädigung für unschuldig erlittene Verhaftung und Bestrafung.** Nebst Anhang, enth. die dazu gehörigen Nebengesetze über Schadensersatz. Von Dr. jur. **A. Romen,** Geh. Kriegsrat und vortr. Rat im Kriegsministerium. 1904. 2 M.

74. Die **Kaufmannsgerichte** nebst den preuß. Ausführungsbestimmungen. Von Dr. **Max Apt,** Syndikus der Korporation der Berliner Kaufmannschaft. Dritte Auflage. 1905. 2 M.

75. Reichsgesetz über die **Konsulargerichtsbarkeit.** Erläutert von Dr. jur. **A. F. Vorwerk,** Rechtsanwalt in Schanghai. 1905. 2 M.

76. **Die Rechtshilfe im Verkehr mit den ordentlichen Gerichten nach deutschem Reichsrecht.** Zusammenstellung aller in Betracht kommenden Gesetzesstellen. Von Landrichter Dr. **A. Friedländer.** 1906. 1 M. 80 Pf.

77. **Das Reichserbschaftssteuergesetz.** Vom 3. Juni 1906. Von **Ulrich Hoffmann,** Geh. Registrator im Kgl. Preuß. Finanzministerium. 1906. 2 M. 60 Pf.

78. **Zigarettensteuergesetz.** Vom 3. Juni 1906. Von Dr. **Cuno,** Gerichtsassessor. 1906. 1 M. 80 Pf.

79. **Die Militärpensionsgesetze** vom 31. Mai 1906 nebst Ausführungsbestimmungen. Zum Gebrauch für Heer, Marine und Schutztruppe von Dr. jur. **A. Romen,** Wirklicher Geheimer Kriegsrat.
a) I. Teil: Offizierpensionsgesetz. 3 M. 50 Pf.
b) II. Teil: Mannschaftsversorgungsgesetz. 3 M. 50 Pf.
Jeder Teil ist einzeln käuflich.

80. Reichsgesetzgebung über **gerichtliche Registerführung.** Textausgabe der einschlägigen Gesetzesbestimmungen mit Anmerkungen und Sachregister von **Otto Lindemann,** Landrichter. 1906. 3 M.

81. Gesetz, betr. **Urheberrecht an Werken der bildenden Künste und der Photographie.** Von Dr. **Ludw. Fuld,** Rechtsanwalt. 1907. 1 M.

82. **Reichsbeamtengesetz** in der Fassung vom 18. Mai 1907 und seine Ergänzungen von Prof. Dr. **Ad. Arndt.** 3 M.

83. **Reichsgesetz über den Versicherungsvertrag** nebst Einführungsgesetz mit Einleitung und ausführlicher Erläuterung von Dr. **Paul Hager** und Dr. **R. Behrend,** Regierungsräte. 5 M.

84. **Sammlung kleinerer privatrechtlicher Reichsgesetze** von Landrichter **Georg Müller.** 1908. 6 M. 50 Pf.
Enthält eine Fülle von Gesetzen, die anderweit fast garnicht oder nur schwer zu beschaffen sind.

85. **Scheckgesetz** mit Einleitung usw. Von Prof. Dr. **Max Apt.** 1908. 1 M. 50 Pf.

86. **Die Auslieferungsverträge des Deutschen Reiches** von Landrichter **A. Cohn.** Im Druck.

87. **Gesetz zum Schutz der Warenbezeichnungen.** Nebst Ausführungsbestimmungen. Von Geh. Reg.-Rat, Mitglied des Patentamts Dr. **Freund** und Rechtsanwalt **Magnus.** Fünfte Auflage. 1908. Im Druck.

88. **Vereinsgesetz** vom 19. April 1908. Unter Benutzung der amtlichen Quellen, bearbeitet und erläutert von Dr. jur. **A. Romen,** Wirkl. Geh. Kriegsrat im Königl. Preuß. Kriegsministerium. Nebst einem Anhang, enth. die Vorschriften des BGB. über die Vereine. 1908. 1 M. 50 Pf.

Guttentag'sche Sammlung

Preußischer Gesetze.

Text-Ausgaben mit Anmerkungen. Taschenformat.

1. **Die Verfassungs-Urkunde** für den Preußischen Staat. Mit Einleitung, vollständigem Kommentar. Von Prof. Dr. **Adolf Arndt.** Sechste Auflage. 1907. 3 M.
2. **Preußische Beamten-Gesetzgebung.** Enthaltend die wichtigsten Beamtengesetze in Preußen. Von **C. Pfafferoth.** Vierte, neubearb. Auflage. 1905. Mit Anhang: Abänderung vom 27. Mai 1907. 2 M.
3. **Die Aufnahme des Nottestaments** durch die bestellten besonderen Urkundspersonen. Anweisung vom 15. März 1904. Erläutert mit Musterbeispielen und einem Abriß des Erbrechts von Amtsgerichtsrat **C. Kurtz.** 1904. 1 M. 50 Pf.
4. **Gebührenordnung** für **Notare** vom 25. Juni 1895 nebst den einschlägigen Vorschriften des Preußischen Gerichtskostengesetzes. Von **R. Sydow.** Dritte Auflage bearbeitet von Justizrat Dr. **Rausnitz.** 1908. 1 M. 60 Pf.
5. **Gesetz vom 24. April 1854 (betr. die außerehel. Schwängerung).** Von Dr. **Schulze.** 1873. 75 Pf.
   Gültiges Recht siehe: Reichsgesetze Nr. 58.
6. Die Preuß. **Ausführungsgesetze und Verordnungen zu den Reichs-Justizgesetzen.** Von **R. Sydow.** Dritte vermehrte Auflage. 1895. 2 M. 40 Pf.
   Siehe Seite 23, Busch, Ausführungsgesetze.

7. Allg. **Gerichtsordnung** vom 6. Juli 1793 und Preuß. **Konkursordnung** vom 8. Mai 1885. Von **F. Vierhaus**, Geh. Ober-Justizrat. Vergriffen.

8. **Vormundschaftsordnung**. Von **F. Schultzenstein.** Gültiges Recht siehe: Reichsgesetze Nr. 47.

9. Die Preußische **Grundbuchgesetzgebung**. Von Prof. Dr. **Fischer.** Vergriffen. Siehe: Reichsgesetze Nr 42.

10. **Einkommensteuergesetz**. Von **A. Fernow,** Geh. Ober-Finanzrat. Siebente Auflage. 1908. 3 M. 25 Pf.

11. **Gewerbesteuergesetz**. Von **A. Fernow,** Geh. Ober-Finanzrat. Vierte, vermehrte Auflage. 1905. 2 M.

12. **Allgemeines Berggesetz** für die Preußischen Staaten vom 24. Juni 1865 nebst den preußischen Berggesetznovellen, den einschläg. Nebengesetzen u. Ausführungsbestimmungen. Mit Einleitung, Erläuterungen und Sachregister bearbeitet von **W. Westhoff** und **W. Schlüter.** Zweite Auflage. 1907. 5 M.

13. **Ergänzungssteuergesetz** (Vermögenssteuergesetz). Von **A. Fernow,** Geh. Ober-Finanzrat. Vierte vermehrte Auflage. 1907. 2 M. 40 Pf.

14. **Kommunalabgabengesetz**. Vom 14. Juli 1893 und Gesetz wegen Aufhebung direkter Staatssteuern. Von Dr. **F. Adickes,** Oberbürgermeister. Vierte Auflage. 1906. 1 M. 50 Pf.

15. **Die Kreisordnungen** für den Preußischen Staat. Von **O. Kolisch,** Landgerichtsrat. 1894. 4 M.

16. **Konzessionierung gewerblicher Anlagen.** Preuß. Ausführungs-Anweisung zu §§. 16 u. ff. der Gewerbe-Ordnung. Von Dr. **W. v. Rüdiger,** Geh. Regierungs- u. Gewerberat. Zweite Auflage. 1901. 2 M.

17. **Preußisches Gerichtskostengesetz.** Mit Kostentabellen. Von Dr. **P. Siméon,** Landgerichtsrat. Fünfte Auflage. 1908. Im Druck.

18. **Preußisches Stempelsteuergesetz** vom 31. Juli 1895. Mit den gesamten Ausführungsbestimmungen und vollständigen Tabellen. Von **P. Loeck,** Regierungsrat. Sechste Auflage. (In größerem Oktav-Format.) 1907. 6 M.

19. Das **Jagdscheingesetz.** Mit ausführlichen Erläuterungen. Von **F. Kunze,** Wirklichem Geh. Ober-Regierungsrat. Zweite Auflage. 1899. 2 M.

20. Die **preußischen Erbschaftssteuergesetze.** Unter Berücksichtigung der Novelle vom 31. Juli 1895. Von **U. Hoffmann,** Geh. Registrator im Königl. preuß. Finanzministerium. 1905. 4 M.
(**Reichs**-Erbschaftssteuergesetz s. Reichsgesetze Nr. 77).

21. Gesetz über die **Handelskammern.** Vom 19. August 1897. Mit Erläuterungen von **F. Lusensky,** Geh. Regierungsrat. 1897. 3 M.

22. **Gesetz, betr. Anstellung und Versorgung der Kommunalbeamten.** Mit Ausführungsanweisung. Von Dr. **W. Ledermann,** Magistratsassessor zu Berlin. 1899. 1 M. 25 Pf.

23. **Ausführungsgesetz zum Bürgerlichen Gesetzbuche.** Von Landrichter Dr. **P. Siméon.** 2. Aufl. 1905. 1 M. 80 Pf.

24. Die **Hinterlegungsordnung** in der Fassung des Ausführungsgesetzes z. BGB. v. 20. Sept. 1899 nebst Ausführungsbestimmungen. Von Regierungsassessor Dr. **Georg Bartels.** 1900. 1 M. 50 Pf.

25. **Preußische Kommunalbeamtengesetzgebung.** Von Magistr.-Assess. Dr. **Fr. Kremski,** Berlin. 1901. 3 M.

26. Gesetze über das **Diensteinkommen der Lehrer und Lehrerinnen, Ruhegehalt und Fürsorge für Hinterbliebene.** Tabelle zur Berechnung der Ruhegehalts-, Witwen- u. Waisenbezüge. Von Dr. **Ed. Cremer,** Beigeordneter. 1900. 2 M. 40 Pf.

27. **Gesetz,** betreffend die **Warenhaussteuer.** Von Geh. Ober-Finanzrat Dr. **G. Strutz.** 1900. 1 M. 20 Pf.

28. **Gesetz über die Fürsorgeerziehung Minderjähriger.** Nebst Ausführungsbestimmungen. Von Landgerichtsdirektor Dr. **P. F. Aschrott.** Zweite umgearbeitete Auflage. 1907. 2 M. 80 Pf.

29. **Gesetz, betr. die ärztlichen Ehrengerichte, das Umlagerecht und die Kassen der Aerztekammern.** Von Amtsgerichtsrat Dr. **Fidler.** 1901. 1 M. 50 Pf.

30. **Die das Preußische Staatsschuldbuch und Reichsschuldbuch** betr. Gesetze nebst Ausführungsbestimmungen. Von Wirkl. Geh. Ober-Finanzrat **J. Mücke,** Mitglied der Staatsschuldenverwaltung. 1902. 2 M.

31a. **Die geltenden Preußischen Gesindeordnungen.** Herausgegeben in zwei Bänden von **Stephan Gerhard,** Rechtsanwalt in Berlin. 1902.

Band I: Gesindeordnung für die altpreußischen Provinzen vom 8. XI. 1810, mit Erläuterungen unter Berücksichtigung der Ergänzungsgesetze und der Rechtsverhältnisse der Gesindevermieter, sowie die Gesindeordnung für Neuvorpommern und Rügen und für die Rheinprovinz. 2 M. 50 Pf.

31b. **Band II:** Gesindeordnungen für Hannover, Schleswig-Holstein, Hessen-Nassau und den Regierungsbezirk Hohenzollern. 2 M. 50 Pf.

32. **Die Städteordnung für die sechs östlichen Provinzen Preußens vom 30. Mai 1853 nebst ihren gesetzlichen Ergänzungen.** Von **Dr. jur. Walter Ledermann,** Magistrats-Assessor zu Berlin. (In größerem Oktav-Format.) 1902. 6 M.

33. **Rentenguts- und Anerbenrechts-Gesetzgebung in Preußen.** Von Landgerichtsrat **M. Peltasohn** und Rechtsanwalt **Bruno Peltasohn.** 1903. 3 M.

34. **Sammlung der wichtigsten preußischen Strafgesetze** nebst Anhang: Gesetz betr. polizeiliche Strafverfügungen vom 23. April 1883. Von **Otto Lindemann,** Amtsrichter. 1903. 2 M. 50 Pf.

    Inhalt: Mobiliar-Feuerversicherung — Chausseegeld — Jagdpolizei — Jagdschein — Wild-Schonzeit — Fischerei — Versammlungs- u. Vereinigungsrecht — Belagerungszustand — Gesindedienstpflichten — Mineraliengewinnung und -Aneignung — Schlachthäuser — Dampfkesselbetrieb — Wandergewerbebetrieb — Reblausverbreitung — Forstdiebstahl — Wald- u. Wassergenossenschaften — Feld- u. Forstpolizei — Lotteriespiel — Verkehrsabgaben — Landestrauer.

35. **Geschäftsordnung für Gerichtsvollzieher.** Gerichtsvollzieherordnung und Gebührensätze von Amtsgerichtssekretär a. D. **Emil Exner.** 1904. 3 M. 50 Pf.

36. **Die Gesetzgebung über Polizeiverordnungen in Preußen** von **Otto Lindemann,** Amtsrichter in Köslin. 1904. 1 M. 50 Pf.

37. **Gesetz über die Enteignung von Grundeigentum** vom 11. Juni 1874. Von Landrichter **O. Meyer.** 1905. 2 M.

38. **Kreis- und Provinzial-Abgabengesetz.** Vom 23. April 1906. Von **Fr. Schmidt,** Gemeindevorsteher. 1906. 1 M. 25 Pf.

39. Gesetz betr. die **Unterhaltung der öff. Volksschulen.** Vom 28. Juli 1906. Von **Dr. A. Marcks,** Regierungsrat. 1906. 2 M.

40. Gesetz betr. das **Verwaltungsstrafverfahren** bei Zuwiderhandlungen gegen die Zollgesetze und die sonstigen Vorschriften über indirekte Reichs- und Landesabgaben, sowie die Bestimmungen über die Schlacht- und Wildpretsteuer vom 26. Juli 1897. Von **Dr. Richard Katzenstein,** Gerichtsassessor. 1907. 3 M. 60 Pf.

41. **Die preußischen Jagdpolizeigesetze.** Von **Fr. Kunze,** Wirkl. Geh. Oberregierungsrat und **R. Kühnemann,** Rechtsanwalt. Zweite gänzlich veränderte und verbesserte Auflage. 3 M. 60 Pf.

Erbenhaftung und Nachlaßkonkurs im neuen Reichsrecht. Von Professor Dr. Ernst Jaeger. 1898. gr. 8°. (117 S.) 3 M.

Fluchtliniengesetz. — Das Gesetz, betreffend die **Anlegung** und **Veränderung** von Straßen und Plätzen in Städten und ländlichen Ortschaften vom 2. Juli 1875. Des Kommentars von weil. Oberverwaltungsgerichtsrat R. Friedrichs fünfte, völlig neubearbeitete Auflage. Von Senatspräsident Dr. jur. Hugo von Strauß und Torney. 1905. 8°. (364 S.) geb. 5 M.

Die **freiwillige Gerichtsbarkeit** im Reiche und in Preußen. Ein Leitfaden von Dr. A. Nußbaum 1900. 8°. (268 S.) Geb. in Leinen 4 M.

Gewerberecht und **Arbeiterschutz.** Führer für Arbeitgeber und Arbeiter durch die Gewerbe- und Arbeiterschutzgesetze. Von G. Laurisch, Kgl. Gewerbeinspektor. 1901. 8°. (210 S.) Kart. 1 M. 80 Pf.

Die **Gläubigeranfechtung außerhalb des Konkurses.** Auf Grundlage des Gesetzes v. 21. Juli 1879. Von Prof. Dr. Ernst Jaeger. 1905. (356 S.) 9 M., geb. 10 M.

Die **Grundbuchordnung** nebst den preußischen Ausführungsbestimmungen mit Kommentar und systematischer Uebersicht über das materielle Grundbuchrecht. Von Reichsgerichtsrat Dr. Alex Achilles und Landrichter O. Strecker. 1901. Lex. 8°. (960 S.) 12 M., geb. in Halbfr. 14 M.

Die **Verfügungen in Grundbuchsachen.** Leitfaden für Grundbuchbeamte, Notare und Referendare. Von Amtsgerichtsrat Max Löwenherz. 1904. (115 S.) gr. 8°. 2 M., geb. in Leinen 2 M. 50 Pf.

Die **Haftpflicht der Beamten.** Nach Reichsrecht und dem Recht der deutschen Bundesstaaten unter Berücksichtigung der Haftpflicht des Staates (Gemeindeverbandes usw.). Von Landrichter Dr. H. Delius. 1901. 8°. (147 S.) Kart. 2 M.

Das Recht der Handlungsgehilfen und Handlungslehrlinge auf Grund des Handelsgesetzbuches, der Reichs-Gewerbeordnung, der Reichs-Versicherungsgesetze und des bürgerlichen Rechts dargestellt für Juristen und Kaufleute. Von Rechtsanwalt Hugo Horrwitz. 2. vollständig neubearbeitete Auflage. 1905. (203 S.) Geb. in Leinen 3 M.

Handelsgesetzbuch vom 10. Mai 1897 nebst Abdruck des Gesetzes über die Angelegenheiten der freiwilligen Gerichtsbarkeit und Gerichtsverfassungsgesetz (Titel 7, Kammern für Handelssachen). Zu praktischem Gebrauch dargestellt von Oberlandesgerichtsrat H. König e. 1899. 8°. (410 S.) Geb. in Leinen 4 M. 50 Pf.

Das **Kommunalabgabengesetz** vom 14. Juli 1893. Für den praktischen Gebrauch mit einer geschichtlichen Einleitung und Erläuterungen versehen, sowie mit einem die Ausführungsanweisung berücksichtigenden Nachtrag. Kommentar von Oberbürgermeister Dr. Franz Adickes. 1894. 8°. (417 S.) Kart. 6 M.

Das **Absonderungsrecht im Konkurse** mit besonderer Berücksichtigung des preußischen und gemeinen Rechts, systematisch dargestellt von Oberlandesgerichtsrat Dr. Th. Wolff. 1892. gr. 8°. (542 S.) 10 M.

Konkursordnung mit Einführungsgesetz, Nebengesetzen und Ergänzungen in der Fassung des Gesetzes vom 17. Mai 1898. Kommentar von Oberlandesgerichtsrat Dr. Th. Wolff. 1900. gr. 8°. (555 S.) 11 M., geb. in Leinen 12 M.

Die Kurtaxe. Betrachtungen über ihre rechtliche Natur. Von Professor J. Kohler. 1902. gr. 8°. (52 S.) 1 M.

Das **Wohnungsmietrecht** nach dem Bürgerlichen Gesetzbuch. Zum praktischen Gebrauch für Juristen, Hausbesitzer und Mieter bearbeitet von Rechtsanwalt und Notar Th. Loomann. 1900. 8°. (144 S.) 2 M.

Der Raritätenbetrug. Von Dr. Hanns Gross, Universitäts-Professor. 1901. gr. 8°. (296 S.) 6 M.

Polizei und Publikum. Eine Darstellung der beiderseitigen Rechte und Pflichten an der Hand der grundlegenden Bestimmungen für die Ausübung der örtlichen allgemeinen Verwaltungspolizei in Preußen. Von Bürgermeister M. Koehne. 1897. 8°. (144 S.) Geb. in Leinen 2 M. 75 Pf.

Patentgesetz und Gesetz, betreffend den **Schutz von Gebrauchsmustern.** Von Justizrat Dr. A. Seligsohn. 2. Auflage. 1901. gr. 8°. (557 S.) 12 M., geb. in Leinen 13 M.

Die **Tätigkeit der Polizei in Strafsachen** auf Grund der Reichsjustizgesetze und des Preußischen Rechts für Polizeiverwalter und Polizeibeamte. Von Oberverwaltungsgerichtsrat St. Genzmer. 4. Auflage. 1900. 16°. (117 S.) Kart. 90 Pf.

Beschwerde und **Klage** sowie sonstige **Rechtsmittel** gegen polizeiliche Verfügungen und Zwangsmaßregeln. Gemeinverständlich dargestellt und durch Beispiele erläutert von Oberverwaltungsgerichtsrat B. von Kamptz. 1894. 12°. (93 S.) Kart. 1 M. 20 Pf.

Dienstunterricht für Polizei-Exekutiv-Beamte. 1. Teil. Strafgesetzgebung (Gerichtsverfassung, Strafprozeßordnung, Strafgesetzbuch). Von Polizeiinspektor J. Segger. 1900. 8°. (308 S.) Kart. 2 M.

Die Registratur. 2. Auflage. 1906. Von Hermann Kollrack, Kgl. Polizeisekretär am Berliner Polizeipräsidium. 8°. (84 S.) Kart. 1 M. 40 Pf.

Rechtsbrevier für deutsche Ehefrauen. 52 Merksprüche aus dem Bürgerl. Gesetzbuch mit Erläuterungen. Von Dr. jur. Emilie Kempin. 8°. (62 S.) Kart. 1 M.

Verwaltungs-Hygiene. Ein Handbuch der öffentlichen Gesundheitspflege für Verwaltungsbeamte. Von Dr. A. Pfeiffer. 1895. gr. 8°. (228 S.) 5 M., geb. in Leinen 6 M.

Handbuch des Vormundschaftsrechts. Unter Berücksichtigung der Ausführungsgesetze der deutschen Bundesstaaten. Von H. Schultetus, Landgerichtsrat in Rostock. 1899. 8°. (261 S.) 4 M., geb. in Leinen 4 M. 60 Pf.

Die Pflichten des Waisenrates. Ein praktischer Leitfaden für Waisenräte und Verwaltungsbeamte. Von F. Baum, Geh. Justizrat und Vormundschaftsrichter. Achte vermehrte und verbesserte Auflage. 1906. 8°. (46 S.) 60 Pf.

Wechselstempelsteuer und ihre Reform. Eine kritische Studie. Von Dr. jur. Eug. Jacobsohn. 1906. gr. 8°. (47 S.) 1 M.

Der Vormund, Gegenvormund, Pfleger u. Familienrat. Nach dem Bürgerlichen Gesetzbuch, dem Reichsgesetz über die Angelegenheiten der freiwilligen Gerichtsbarkeit und dem Ausführungsgesetz zum BGB. Ein praktischer Leitfaden. Von F. Baum, Geh. Justizrat und Vormundschaftsrichter. 1899. 8°. (64 S.) 50 Pf.

Gesetz zum **Schutz der Warenbezeichnungen** vom 12. Mai 1894, nebst Ausführungsbestimmungen. 2. Auflage, bearbeitet von Dr A. Seligsohn in Gemeinschaft mit Rechtsanwalt Martin Seligsohn. 1905. gr. 8°. (353 S.) 7 M., geb. 8 M.

Anleitung zur **Bildung öffentlicher Genossenschaften zur Ent- und Bewässerung** von Grundstücken für Zwecke der Landeskultur in den preuß. Provinzen nebst den in Betracht kommenden Gesetzen und Ministerialerlassen. Zugleich ein Handbuch des landwirtschaftlichen Wasserrechts für jedermann. Von Regierungsrat Dr. Bernh. Weddige. 1887. 8°. (300 S.) 4 M. 50 Pf.

Das **Wildschadengesetz.** Vom 11. Juli 1891. Kommentar von Dr. A. Holtgreven u. Dr. Th. Wolff. Vierte vermehrte und verbesserte Auflage. 1902. 8°. (224 S.) 4 M., geb. in Leinen 4 M. 50 Pf.

Belehrung über den Wucher. Ein Schutz gegen Schädigung mit Fingerzeigen für jedermann. Nach dem neuen Wuchergesetz bearbeitet von Carl Pfafferoth, Geh. Kanzleirat im Reichsjustizamt. 1893. 8°. (38 S.) 50 Pf.

Das **Reichsgesetz zur Bekämpfung des unlauteren Wettbewerbs** nebst den ergänzenden Bestimmungen des Bürgerlichen Gesetzbuchs. Kommentar von Justizrat Albert Pinner, 1903. gr. 8°. (189 S.) 5 M., geb. in Leinen 6 M.

Verfassung des Deutschen Reichs. Mit Einleitung und Kommentar. Dritte, stark vermehrte und verbesserte Auflage. Von Prof. Dr. A. Arndt. 1907. 8°. (436 S.) 4 M., geb. in Leinen 5 M.

Schlagwort-Register.

R. = Nummer der Sammlung Deutscher Reichsgesetze.
P. = Nummer der Sammlung Preußischer Gesetze.
S. = Seite.

Kolibri 360 GmbH
Ferdinand-Jühlke-Straße 7
99095 Erfurt, Deutschland
produktsicherheit@kolibri360.de